U0947527

易中天中华史

The History of China / 02

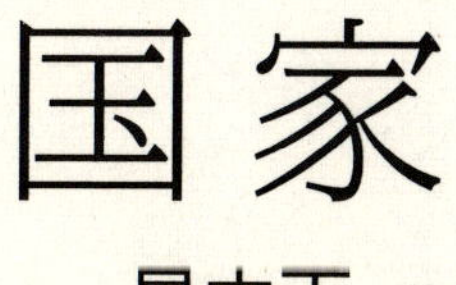

易中天 著

浙江文艺出版社
Zhejiang Literature & Art Publishing House

果麦文化 出品

目录
Contents

第四章 / **谢绝宗教**

第五章 / **告别图腾**

第六章 / **闯他一回红灯**

后记 / **巡航日志**

第一章

国家与人

三皇创造了氏族和部落，
五帝把部落变成部落联盟，
然后夏废禅让，把部落联盟变成了国家。
而国家一旦诞生，人类就进入了文明时代。

上帝敲了回车键

公元1650年，也就是大清朝摄政王多尔衮去世那年，有位名叫阿歇尔（Ussher）的爱尔兰大主教经过精心研究和精密计算，向世人宣布了上帝创造世界的时间——耶稣诞生前4004年。如果你有兴趣，他甚至还乐意告诉你，具体的日子是1月28日，星期五；或者10月23日，星期天，上午九点。[1]

阿歇尔的日期很有意思。因为考古学的发现证明，人类最早的文明大约诞生于公元前3500年到前3000年之间。也就是说，如果阿歇尔计算准确无误，那么，从人类的诞生到文明的诞生，就只有短短五百年。

这当然并不可能。

文明是自编自演的节目，初潮很晚，前戏很长。

人类的诞生也一样。

历史学家给出了另一张时间表：

攀树的猿群	
原上猿	3500万年—3000万年前
埃及猿	2800万年前
森林古猿	2300万年—1000万年前
正在形成的人	
南方古猿	440万年—140万年前
完全形成的人	
早期猿人	380万年—360万年前
晚期猿人	180万年—30万年前
早期智人	30万年—5万年前
晚期智人	5万年—1万年前

注：晚期猿人又称直立人、猿人，早期智人又称古人、尼安德特人，晚期智人又称新人、克罗马农人。

显然，我们不是一个早上被创造出来的。从攀树的猿群到正在形成的人用了数千万年，再到完全成为人又用了数百万年。真正现代人类的历史，其实只有几万年。

呵呵，一万年太久，只争朝夕。

不过，尽管由于缺乏化石的证据，我们无法找到夏娃在伊甸园大造其反，发明人类第一条三角裤的确切时间，但正如第一卷《祖先》所述，夏娃造反之后的故事是清楚的：

女娲登坛，创造了氏族社会和生殖崇拜；

伏羲设局，母系变成父系；

炎帝东征，氏族变成部落，生殖崇拜变成图腾。

女娲、伏羲、炎帝，就是所谓“三皇”。

然后是“五帝”：黄帝、颛顼、帝喾、尧、舜。

五帝的历史使命，是把部落变成部落联盟。

最后是启废禅让，把部落联盟变成了部落国家。

<table>
<tr><th>时代</th><th>社会组织</th><th>文化标志</th><th>代表人物</th><th>形象表现</th><th>古史分期</th></tr>
<tr><td>点</td><td>原始群</td><td>裸体直立</td><td>夏娃</td><td></td><td></td></tr>
<tr><td rowspan="2">面</td><td rowspan="2">氏族</td><td rowspan="2">生殖崇拜</td><td>母系氏族女娲</td><td>鱼、蛙、月亮</td><td rowspan="3">三皇</td></tr>
<tr><td>父系氏族伏羲</td><td>鸟、蛇、太阳</td></tr>
<tr><td rowspan="2">片</td><td rowspan="2">部落</td><td rowspan="2">图腾崇拜</td><td>早期部落炎帝</td><td>牛</td></tr>
<tr><td>晚期部落黄帝</td><td>熊(或其他)</td><td rowspan="3">五帝</td></tr>
<tr><td rowspan="3">圈</td><td rowspan="3">部落联盟</td><td rowspan="3"></td><td>早期尧</td><td rowspan="4"></td></tr>
<tr><td>中期舜</td></tr>
<tr><td>晚期禹</td><td></td></tr>
<tr><td>国</td><td>部落国家</td><td>祖宗崇拜</td><td>夏启</td><td></td></tr>
</table>

国家诞生，文明就诞生了。

历史也一分为二：之前叫史前史，之后叫文明史。

时间很长的史前史，轨迹简单，线索清晰。社会组织依次是原始群、氏族、部落、部落联盟、部落国家，文化程度或文化史的断代，则依次是点、面、片、圈、国。

最原始的人类，是分散在世界各地自生自灭的。这就是原始群，也就是“文化点”。如果这种文化能够存活并得到发展，它就会壮大，变成“文化面”，成为氏族。不同的文化面由于自身的裂变和扩散，以及相互的影响和交融，就会连成“文化片”，成为部落。不同的文化片由于迁徙、联合、兼并甚至战争，则会形成“文化圈”，也就是部落联盟。这时离国家就不远了，而国家一旦诞生，人类就进入了文明时代。

国家，是文明的里程碑。

文明是先后发生的。其中直接从原始社会产生出来的为第一代，叫“古代文明”（Ancient Civilization）。在此基础上创造的是第二代，叫“古典文明”（Classical Civilization）。古典文明包括印度、希腊、波斯、罗马、拜占庭、日本、阿拉伯和俄罗斯，古代文明在东半球则主要有五个。它们是：

非洲北部尼罗河流域的埃及（Egypt）；

亚洲西部两河流域的美索不达米亚（Mesopotamia）；

南亚印度河流域的哈拉巴（Harappa）；

南欧爱琴海区域的克里特（Crete）；

中国黄河流域的夏。

需要说明的是，又叫印度河文明的哈拉巴跟印度文明是两回事，美索不达米亚则原本是希腊语，意思是幼发拉底河

（Euphrates）和底格里斯河（Tigris）两河之间，所以又叫两河文明。两河文明与埃及文明出现最早，此后哈拉巴、克里特和夏文明也相继诞生，时间都在距今三四千年前。[2]

这就是人类的五大古老文明。[3]

◎ 五大古文明

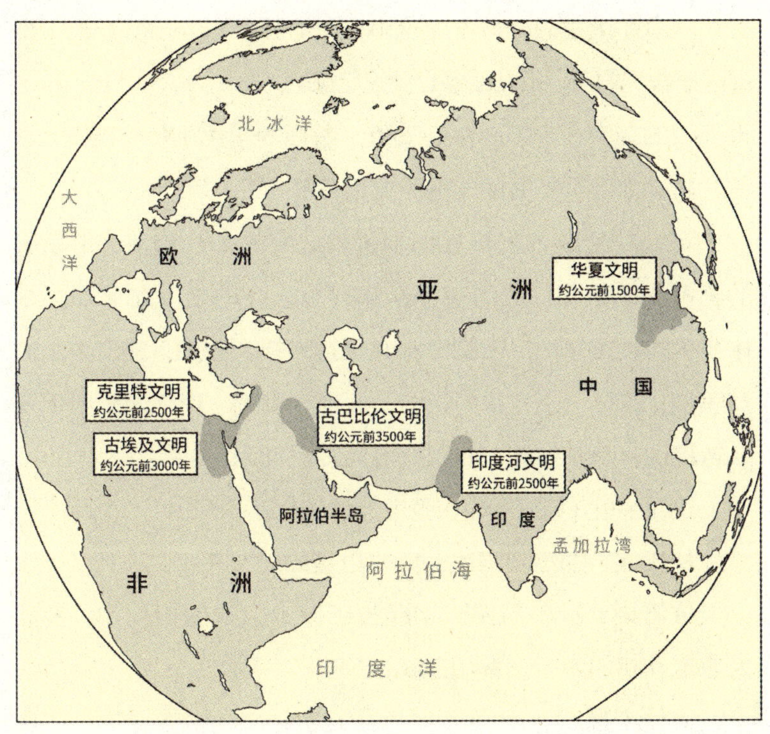

据美国L.S.斯塔夫里阿诺斯（Leften Stavros Stavrianos）《全球通史》。

五大文明形态不同，风格各异。克里特（米诺斯）的女神崇拜，在我们看来就匪夷所思；古埃及的金字塔，跟巴比伦的通天塔也两回事。唯一的相同，是都要建国。比如波斯王国就产生于六个农业部落和四个游牧部落的联盟，第一任国王居鲁士（Cyrus）也原本是大酋长。

奇怪！为什么部落一旦强大，上帝就要敲回车键？

阿歇尔大主教当然不管这事，但伦勃朗（Rembrandt）也许能给我们启示。伦勃朗是17世纪尼德兰（The Netherlands）大师级的画家，每幅画都是天价。做他的学生则每年要交一百荷兰盾，相当于当时中国的十二两纹银。[4]

可就在阿歇尔宣布其神学研究成果的十几年前，伦勃朗的画室出了绯闻。他的某个喜欢异想天开的学生在单独画人体写生时，居然把自己脱得跟女模特一样。对此，那位学生的辩解是：这样一来，我们就成了亚当和夏娃。伦勃朗则用手杖敲着墙说：既然如此，你们就得离开伊甸园！[5]

这对宝贝儿只好穿起衣服走人，十二两银子也打了水漂。

从氏族、部落到国家，莫非也是如此？

或者说，世界各民族相继告别原始时代的伊甸园，是因为像伦勃朗的学生一样犯了错误吗？

显然不是。

没有后悔药

部落变成国家，并非因为绯闻。人类发明国家，更不是为了寻欢作乐。但这事却被认为与“逐出乐园”无异，不管那伊甸园是耶和华的，还是伦勃朗的。反正，只要进入国家时代，好日子就算过完，这是很多人的共识。

比如古代希腊和罗马的两位诗人。

希腊的那位诗人叫赫西俄德（Hesiod），罗马的叫奥维德（Ovidius）。他们一致认为自己生活在黑铁时代，之前则先后是黄金时代、白银时代和青铜时代。黄金时代最好，人类美好高贵，社会公正和平。白银时代马马虎虎，但不再天真无邪。青铜时代战火连天，但信仰和神性犹在。黑铁时代就一塌糊涂，人类变得贪婪残忍，互不信任，互不相容，没有信仰，也不再有真理、谦逊和忠诚。[6]

当然，两位诗人略有不同。在希腊诗人那里，黑铁时代之前，青铜时代之后，还有英雄时代。英雄时代甚至比青铜时代还好，人类与英雄和半神在一起生活。可惜，英雄们被卷入底比斯战争和特洛伊战争，从此万劫不复。

这可真是“一代不如一代”。

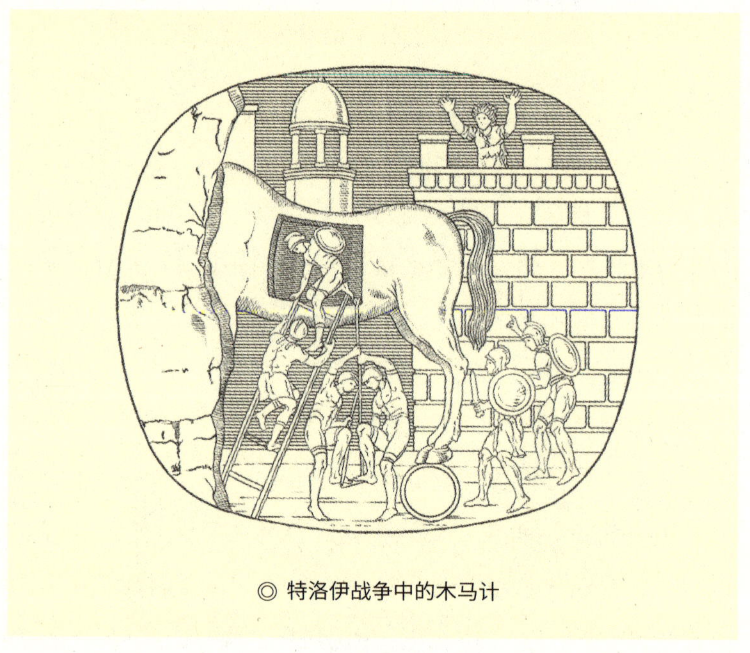

◎ 特洛伊战争中的木马计

类似的说法我们也有，例如大同和小康。跟黄金时代和白银时代的关系一样，大同比小康要早，也更好。但不是因为神，而是因为道。道在中华文化的语境中有多种含义，用于政治和伦理大约相当于主义和主张；而大同之世的本质特征和核心价值，以孔子为代表之儒家是这样描述的：

> 大道之行也，天下为公。

天下为公，也就是“公天下”，比如财产是公产，权力是公器，首领是选举出来的公务员，族民也都一心为公，因此夜不闭户，路不拾遗，各尽其能，各得其所，天下太平。

这样一种道，就是大道。

践行大道的时代，就是大同。

那么，小康呢？

小康是“家天下”：财产家庭私有，权力家族世袭，私器代代相传，人人都为自己。结果，阴谋也产生了，战争也爆发了，维持秩序要靠道德礼仪和圣人英主，代表人物则是夏代的禹，商代的汤，西周的文王、武王、成王和周公。[7]

明白了，夏商周啊！

没错，在孟子那里，就叫“三王”。

三王之前是五帝。三王是小康，五帝就是大同。

大同是黄金时代，小康就是白银时代。

青铜时代和黑铁时代呢？

春秋战国。

这也是孟子告诉我们的。他说：

五霸者，三王之罪人也；今之诸侯，五霸之罪人也。[8]

很清楚，故事将在《从春秋到战国》一卷中讲述的春秋五霸，已经不如夏商周三王；孟子自己所处的战国，又不如春秋五霸。因此，如果说五帝（大同）是黄金时代，三王（小康）是白银时代，五霸（春秋）便是青铜时代。至于孟子痛恨的战国，则恐怕只能是黑铁时代了。

这倒是符合历史事实：我们民族进入铁器时代确实是在战国，之前的时代则是青铜器和石器的。问题是，从石器到

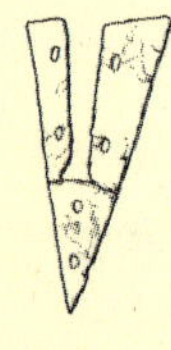

良渚文化新地里遗址出土的石犁。距今约 5300—4500 年左右。

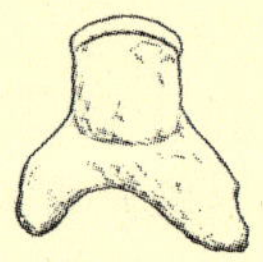

商代青铜耒。1989 年江西省新干县大洋洲出土，江西省博物馆藏。

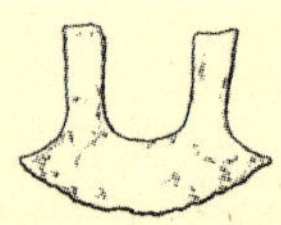

战国时期铁锄。浙江绍兴西施山出土，浙江省博物馆藏。

青铜器再到铁器，原本是生产力的进步，为什么这进步导致的结果，竟是世风日下，今不如昔？

传统的解释是：因为道不同。

实际上，《礼记》在描述小康时已经指出：

今大道既隐，天下为家。[9]

也很清楚：公天下变成家天下，是因为大道没了。

以后就每下愈况。五帝的大同之世讲帝道，三王的小康讲王道，五霸的春秋讲霸道。霸道虽然产生于乱世，也不宜提倡，却好歹还算有道，战国却连霸道都没有了。

请问，那又能是什么呢？

无道。

难怪儒家、墨家和道家都不喜欢战国。

没错，那简直就是末世。

现在，我们可以将古人认为的中华四阶段列表如下：

黄金时代	大同	尧舜禹	五帝	帝道
白银时代	小康	夏商周	三王	王道
青铜时代	乱世	春秋	五霸	霸道
黑铁时代	末世	战国	七雄	无道

显然，堕落开始于从大同到小康。大同到小康，就是五帝到三王，或者部落到国家。这是很麻烦的。因为中西方这种不约而同的“四阶段论”如果成立，岂非意味着人类一旦建立国家，就等于踏上了不归之路？

当然不是，也没有后悔药可吃。

事实上，氏族部落时代并非某些人说的那么美好，夜不闭户其实是没东西可偷。炎黄与蚩尤的战争，则跟后世一样，杀得天昏地暗，血流成河。

更重要的是，一个民族如果没有国家，或没能建立自己的国家，她的历史就会一直停留在史前时代，比如某些印第安人和其他残留的原始民族。相反，只要建立过国家，哪怕后来失去，也会有自己的文明，比如犹太人。

国家，是文明与史前的分水岭。

难怪孔子不但不否定小康，还要对小康社会推崇备至，说“郁郁乎文哉，吾从周”了。[10]

问题是，为什么只有建立了国家，才算进入文明时代？国家对人究竟有什么意义？人，真的是必须发明国家并生活在其中的动物吗？如果是，又为什么会有那么多人心怀不满地感叹今不如昔，念念不忘氏族和部落时代？

国家的逻辑，究竟在哪里？

分道扬镳

国家的逻辑，荀子说在人。

按照时间顺序，生活在战国晚期的荀子是先秦倒数第二位重要的思想家。第一位是孔子，最后一位是韩非。孔子是儒家的祖师爷，韩非则是法家的集大成者。从儒家到法家的中转站是荀子，所以他既肯定国家，又肯定君主。

这倒是并不奇怪。事实上，正如我们将在《百家争鸣》一卷中详细讲到的，先秦诸子四大派别，儒家和法家都主张要国家，要君主，而且是世袭的。墨家则至少不反对，只不过他们设想的国家元首更像社团领袖。只有道家，始终对国家和君主提不起兴趣。就算有，也最好小国寡民。他们理想中的国家其实是聚落，君主的权力也大不过村长。

不喜欢就不喜欢吧，无所谓。

肯定却要陈述理由，因为这世界上原本没有国王。

可惜，当真讲出了道理来的却只有荀子，尽管他的道理未必在理。更难得的是，荀子讲逻辑。他的逻辑起点，是人的族类生存，也是人与动物的区别。荀子说，人的生存能力其实是很差的。论力气他不如牛，论速度他不如马，然而牛马却为人所用，请问这是为什么？

答：人能组成族群，动物不能。

所以，族群如果解体，人就牛马不如。

这就一要有道德，二要有君主，三要有国家。

但，为什么呢？

因为族群解体的最大可能来自纷争，消弭纷争的最佳方式是建立秩序，建立秩序的必由之路是确定名分。名分就是每个人的名义和份额。君臣父子，各安其位，各得其所，就不会有纷争，也不会有动乱，更不会有危险。

显然，只有名分，才能保证族群有序；只有礼义，才能保证名分确立。在荀子看来，这是只有“最为天下贵”的人类才能想到做到的。因此，道德是最理想的组织力量，君主是最合适的群体领导，国家则是最强大的人类族群。[11]

君主是核心，道德是力量，国家是归宿。

国家与人，就这样“焊”在一起。

这跟西方不太一样。

西方人也要国家，却未必一定要君主。古希腊的城邦是没有君主的。罗马人，从他们赶走最后一任部落王，到产生第一位君主奥古斯都（Augustus）屋大维（Octavian），中间竟隔了近五百年，而且那皇帝还要自称“第一公民”。[12]

近现代的西方人就更是出格。17世纪的时候，阿姆斯特丹（Amsterdam）居然宁肯要三个郁金香球茎，也不肯要一个国王。独立战争后的美利坚人，则不但不要国王，就连全美统一的国家都不想要。实在拖不下去，才勉勉强强召开了制宪会议，再磨磨蹭蹭地选出第一届联邦政府和总统。

可见，西方人对待君主的态度，是可以要，也可以不要；有的要，有的不要；有时要，有时不要。不像我们，自从有国家就有君主，只不过秦汉以前封土建国，秦汉以后天下一统，但都是君主制。直到辛亥革命前，还有立宪派主张保留一个皇帝，哪怕形同虚设，只是橡皮图章。

西方人也不认为国家跟道德有什么关系，在他们那里，道德是归宗教和上帝管的。国家需要的是法，社会需要的才是德。所以，他们的国家可以有多种模式。直接民主、寡头政治、政教合一、君主立宪、联邦邦联、称王称帝，不但一一试来，而且并行不悖，爱怎样就怎样，喜欢谁便是谁。

显然，当世界各民族开始建立国家时，他们就站在了文明的大门前，也站在了历史的岔路口。

之后，大路朝天，各走半边。

很难说谁有道理谁没有。实际上，西方人也经历了君主制时代，而且至今还有名义上的王国。同样，荀子不厌其烦地解释“为什么要有国家和君主”，则说明它在当时其实已经成了“问题”，而且事情也并不像荀子讲的那么简单。比方说，氏族和部落也是群体，为什么非得变成国家？

何况世界各国的诞生原因、存在方式和发展道路也大不相同。有君主的，也有民主的；有独立的，也有附庸的；有分出去的，也有合起来的；有打出来的，也有谈出来的。五花八门，千奇百怪，不一而足。

道路的选择不会无缘无故，没谁会拿自己的命运开玩笑。

与其论是非，不如找原因。

那就先看人家。

小人之邦

如果孔子穿越到美国，一定会大摇其头。

这是什么乱七八糟的国家！这个国家并不以德治国，而是以法。最权威的机构和人，居然是法院和法官。尤其是最高法院，竟有不容置疑的解释权，岂非咄咄怪事？

法院倒也罢了，尧舜也有司法部长皋陶嘛！但律师是什么，陪审团又是什么？一个人有罪还是无罪，怎么能由这些胸无点墨的庶人说了算，皋陶大人反倒要听他们的？

议会和议员也不可思议。当然，尧舜那会儿，也有部落酋长和氏族族长的联席会议；周代则会邀请社会贤达共商国是，叫“乡饮酒礼”。但尧舜和三代都没有政党，更没有两党或多党。两党制是什么玩意？君子不党，他们竟然还鼓励党争，还为这党争花掉那么多的钱，是可忍，孰不可忍！

也许，只有联邦制能让他略感欣慰，因为有点像东周。

的确，组成美利坚合众国的那些State，原本是应该翻译为“邦”而不是“州”的。建国之初的十三个邦，早就有着自己的宪法、法律和民选政府，各自为政自负盈亏，颇有些像诸侯列国。它们共有的那个总统，岂非“天下共主”？

可惜这总统却一点尊荣都没有。国会可以弹劾，媒体可以批评，民众可以拿他开涮，他反倒要为什么“拉链门”之类的破事反复道歉，哪像天子？

文化艺术也不像话。电影院里，电视机上，还有酒吧和百老汇，要么怪力乱神，要么靡靡之音，要么群魔乱舞，很黄很暴力，这不是“郑声之乱雅乐”吗？

更不可思议的是，他们的民众居然肆无忌惮地批评和嘲讽总统，还可以上街游行示威。警察不但不管，反倒提供保护，这不是“无君无父，犯上作乱”吗？

那么，古代希腊又如何？

更成问题。

在爱琴海和地中海环抱的那片贫瘠的土地上，星罗棋布地林立着被称为“城邦”的国家。这虽然也有点像东周列国，却居然没有一个天子，也不分公侯伯子男。城邦与城邦，是完全平等的。哪怕一个城邦从另一个城邦分出去，一旦分家就平起平坐，各行其是，甚至反目为仇。

◎ 古希腊城邦的分布

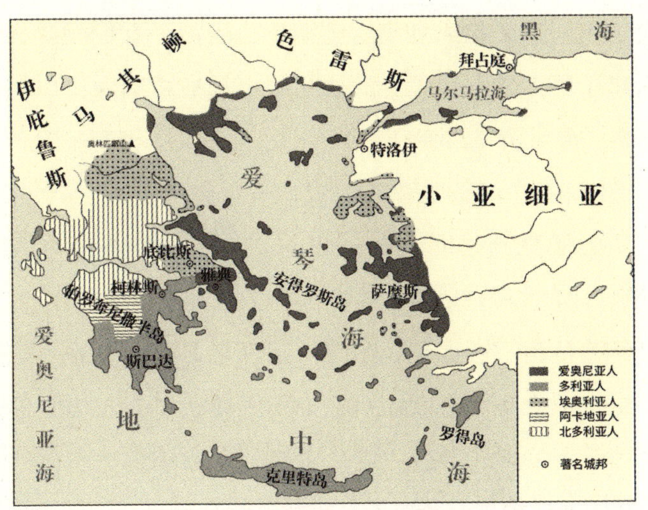

城邦的政治事务，则交给石匠、铁匠、皮匠、商人、小贩以及游手好闲的公子哥儿去摆弄。他们不但有权说三道四，投票表决，不肯参政议政的反倒还要罚款。这是什么莫名其妙的制度？照此制度建立的，会是东周吗？

当然不是。比如雅典城邦的政府，是从十个区年满三十的男性公民当中，各自抽签产生五十个人，再组成五百人的会议，任期一年。五百人会议的常设机构是五十人团，由五百人会议成员分组轮流坐庄，任期一个月。五十人团又抽签产生一名主席主持工作，这样的主席哪一点像国君？

无君臣，亦无父子。古希腊神话中，天神乌拉诺斯被自己的儿子克洛诺斯打成残疾失去王位，克洛诺斯则又被自己的儿子宙斯推翻打入地狱。宙斯自己也被子女们觊觎，靠普罗米修斯帮忙才得以幸免。这些故事都被希腊人口口相传津津乐道，真可谓“君不君，臣不臣，父不父，子不子”。

更可恶的，是这些制度的设计充斥着私心。

私心和私利是联系在一起的。每个人都有每个人的私利，也有每个人的私心。这在西方人看来极为神圣。为了保证自己的私利不被侵犯，私心得到满足，希腊人的办法是决策机关人数众多，任期短暂，轮换快速，任何人想以权谋私都不容易。美国人的办法则是由各种利益集团选出自己的代表，然后到议会去讨价还价，你方唱罢我登场。

这，难道还不是“小人”？

按照孔子的标准，恐怕是的。

然而这些小人，包括被弹劾的总统，被嘲笑的政客，被送上法庭的犯罪嫌疑人，都只会认为自己的敌人不对，不会认为国家的制度不对。因为在这种制度下，小人和君子也是平等的，谁都不会由于自己是小人而受到不公正的待遇。这种制度甚至就是为了保护他们的权益，承认小人之心有合理之处而设计出来的。因此，哪怕孔夫子苦口婆心诲人不倦地劝其仿效东周，他们也会温和而坚定地说：对不起，NO！

此中奥秘，不可不察。

公民与臣民

孔子眼中的“小人”，在西方叫作“公民”。

公民是古代希腊人发明的词，叫“波里德斯”（Polites）。它来自与Demos（乡村郊野）相对应的Polis，意思是“城邦的人”，就像周代的“国人”是指“国都里的人”。[13]

不过在古希腊，并非所有在城邦里生活的都叫公民。奴隶就不是，外邦人也不是。而且就算同为公民，权利也不一样。权利最完整的，仅限于公民中的成年男子，叫“全权公民”。他们才是城邦真正的主人，以及城邦政权的授权人。

全权公民加上妇女儿童，就叫“自由公民”。外来移民和被解放的奴隶，则叫“被保护民”。被保护民和自由公民中的妇女儿童，都没有参政、议政、执政的权利。

显然，这是一种少数人才能享受的民主。

事实也是如此。希腊城邦虽然号称“主权在民”，但公民的人数其实很少，全权公民就更少。比如雅典全盛时期的全权公民，就只占阿提卡（Attica）地区总人数的六分之一，参与公共政治的又往往只有全权公民的十分之一。

限制人数是必然的。因为但凡是公民，就会有权利和义务。这是公民最重要的特征。而且有权利，显然比尽义务更重要。有权利，就什么都有；没权利，什么都谈不上。何况权利一旦享有，便既可以行使，也可以放弃，非常自由。

这种资格和待遇，城邦岂肯轻易授人？

成为希腊公民的首要条件是人身自由，后来的罗马也一样。实际上，公民的公，不是公有，而是公共。希腊公民和罗马公民的财产，全都归个人所有，是完全彻底的私有制。而且唯其私有，才能公共。因为自己有私产，就不必从属和依附于任何团体、组织、机构和个人，当然自由。

公民，就是“自由的人”。

臣民则大不一样。

什么是臣？

臣的古文字有很多种形状，共同特征是其中有目，只不过那引人注目的眼睛，有时候竖着，有时候横着。这让文字学家绞尽了脑汁也不得其解，只好宣布放弃努力。但有一点却几乎是共识：臣就是奴隶，包括战俘和罪人。

◎ 甲骨文、金文“臣”

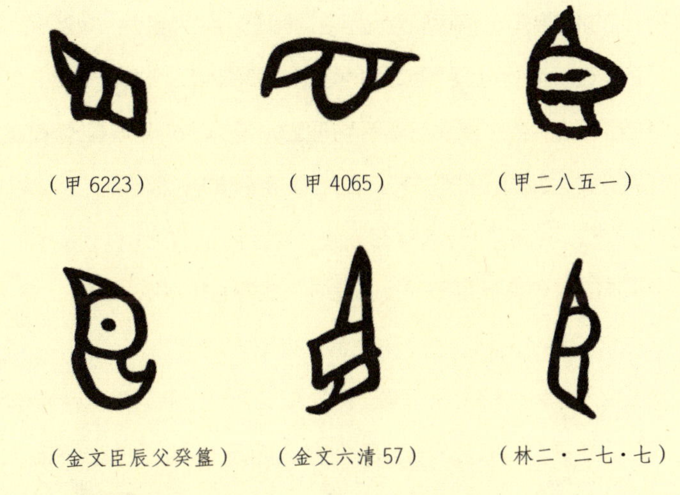

这个字，学者普遍理解为战俘和奴仆，如郑玄称“臣谓囚俘”，孔颖达称“臣谓征伐所获民虏者也”，《左传·僖公十七年》称“男为人臣，女为人妾”，郭沫若、叶玉森、杨树达、马叙伦等均持此说，但解释不同。

奴隶的主要来源是战俘。战俘最早被杀，后来则“男为人臣，女为人妾”。他们脖子上拴着绳子，被主人像牲口一样牵来牵去。个别有技艺的待遇略高，比如跳舞的舞臣。也有极个别的成为牢头狱霸小头目，帮奴隶主管理奴隶，比如管农业奴隶的耤臣（耤读如级），管畜牧奴隶的牧臣。[14]

这些奴隶中的小头目，很可能是战败族群的族长或酋长。他们就是最早的“臣僚”。君臣的臣，就从这里演变过来。说白了，其实是贵族和官员在君主面前以奴隶自居，就像清代的满族王公和满族大臣在拜见皇帝时自称“奴才”。

所以，臣一定要低头，叫“俯首称臣”。这样一来，那有时竖着有时横着的眼睛就不难理解：无论奴隶或臣僚都必须察言观色，尽管这种解释未必是造字者的本意。

总之，臣是卑贱屈辱的。

同样，民也不是好词，至少不是尊称。

◎ 金文“民”

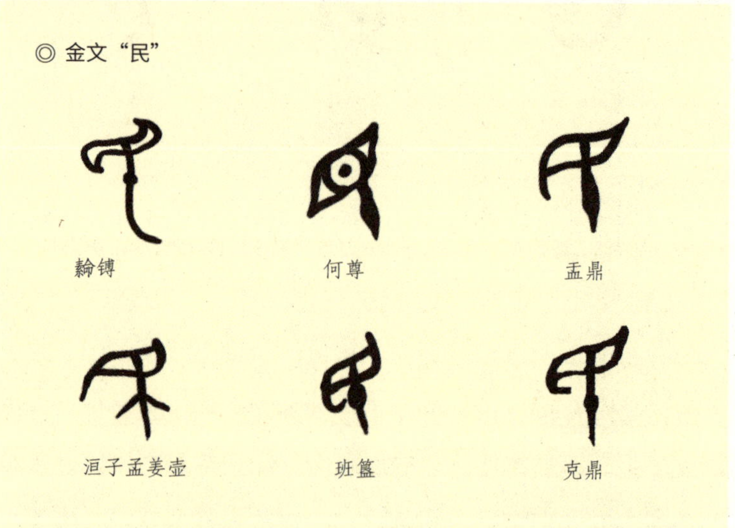

这个字，有学者解释为“盲其左目以为奴隶之总称”，也有学者解释为“萌之本字，像种子冒地而出，引申为凡草木萌芽皆谓之民”。两说均请参看商承祚《战国楚帛书述略》。

民的古文字字形相对单纯，而且只有金文，没有发现甲骨文。大多数金文的民，看起来像是种子破土而出，因此被解释为草芽，认定为萌芽的萌，是萌的古文。[15]

这就奇怪。萌不美好吗？怎么会有贬义？

大约是取其繁多卑贱之意。天街小雨润如酥，草色遥看近却无。这种多如牛毛的东西真是一文不值，很适合用来指称君王治下的庶民。没错，他们就叫草民。

由此可以推论，草芽般的民，与我们在《祖先》一卷中见过的那大写的人，真是不可同日而语。人的胸前有了刺青就是文化的文，头上有了冠冕就是美好的美，民的旁边加上灭亡的亡则是流氓的氓。民人之别，一目了然。

事实上，在中国古代，民与人并不平等。秦汉以前，人比民贵。秦汉以后，官比民高。先秦人类分三等，地位最高的是大人，次为小人，最低级的是万民。后者到辛亥革命之前仍很卑贱，所谓蚁民、草民、小民、贱民、刁民，包括顺民和良民，都明显地带有轻蔑和歧视之意。

这样看，孟子能说“民为贵”，实在相当了不起！

歧视由来已久。在前面那张图中，我们不难发现，民字与臣字有惊人的相似。没错，它的主体部分就是眼睛，另一部分则是针刺，文字学家解释为目中有刺，或刃物刺目，或盲其左目。难怪民这个字，会与冥、瞑、盲、氓同义了。眼睛都被刺瞎，岂能不昏天黑地，又岂能不是冥顽不化？[16]

那么，谁会被刺瞎眼睛？

战俘和奴隶。

这就是最早的民。比如，黎民就是战败的九黎族，畜民就是被商人统治的老奴隶，顽民则是被周人打败又冥顽不化的殷商贵族。战败即民，人才是胜利者和统治者。[17]

至此，什么是民，什么是臣，一清二楚。

臣民，就是“臣服的人”。

公民自由平等，臣民服从依附。所以，臣民的国家必是君主制，公民则喜欢民主共和。国家模式和政治体制，其实都是人自己的创造和选择。

国家与人的关系，也许就在这里。

中华的惆怅

有什么样的人，就有什么样的国。

实际上，任何一个国家的模式和样式、制度和尺度，都是由这个国家的文化、历史和国民来决定的。强大的国民喜欢弱小的政府，自由的国民欣赏松散的制度，愚昧的国民盼望英明的领导，软弱的国民依靠强权的统治。因此恩格斯说，如果某个国家的政府是恶劣的，而且尽管恶劣却仍将存在，那就可以用该国国民相应的恶劣来解释。[18]

但，这里面有问题。

众所周知，人类最早的国家，大多是君主制，少数是共和制，极个别是民主制。西学东渐前的中国人，更一直认为君主制天经地义，别无选择，反对派一个都没有。如此说来，难道世界上大多数人都是不要自由，想做奴隶的？

当然不会。

这就必有原因，必有道理。

什么原因？什么道理？

天下必须有序，群龙不能无首。

没错，中国原本就地域辽阔，人口众多，如果再摊上洪水泛滥、外敌入侵，就更需要坚强有力的领导核心，需要号召力和凝聚力，至少得有万众一心的象征。这个功能，在那时不可能由别人来承担，只能靠君主。为此，人民只能做出牺牲和让步，对高举旗帜的君主俯首称臣。

这，大约是法家以外思想家们的想法。

的确，法家从不讨论为什么要有君主，他们对君主和君权的维护是无条件的，这也是韩非作为荀子的学生跟他老师的重要区别。可以说，只有法家才是君权至上论者。

其他各家，则是“有条件地维护，有保留地赞同”。他们都认为，君主可以有，但得是圣人，至少要“合格”。比如《老子》一书就干脆用圣人指代君主，大讲圣人应该如何。孟子更进一步，认为君主如果不合格，那就应该下台。

三家也都认为，君臣不能是奴役与被奴役的关系。孔子就说君对臣要彬彬有礼，孟子则说君若目中无人，臣可视如寇仇。而且，如果那君主太不像话，人民还可以发动革命杀了他。这能说是“想做奴隶，不要自由”吗？[19]

君主制，并不等于奴隶制。

独立、自由、平等，也毕竟是全人类的共同价值，不会有哪个民族例外。只不过，历史会有不同的尝试和选择。

有保留地赞同君主制，就是我们的选择。

尽可能协调君臣关系，则是曾经的尝试。

可惜，儒墨道三家主张的条件和保留，离民主或宪政还有十万八千里，实行起来也有诸多问题。比如什么叫“圣人”，三家就说法不一。儒家讲“仁民爱物”，墨家讲“明察秋毫”，道家讲“清静无为”，请问以谁为准？

还有，君主如果不合格，怎样请他下台？

有办法吗？没有。

有法律吗？没有。

有制度吗？没有。

有程序吗？没有。

统统都没有，请问如何操作？

也只有一厢情愿，以及惆怅。

实际上，当我们走完三千七百年的历程，就会发现中华民族的国家史和文明史，是一部不断追求独立、自由、平等的核心价值，又屡屡求之不得、得而复失的“惆怅史”。

是的，正如希腊实行过“直接民主”，我们也试行过“直接君主”；罗马实现了“以法治国”，我们也探索了“以礼治国”。我们甚至设计了种种方案，希望能够做到“君权与民权并重”。最起码，也不能生灵涂炭，民怨沸腾。

然而曾几何时，这些都成为泡影。分权变成了集权，集权变成了专制，专制变成了独裁。从西周到秦汉到唐宋再到元明清，每下愈况。改朝换代一次，起死回生一次，也腐败溃烂一次。最后，不得不拜西方列强为先生。

其实，那些“先生们”又何尝一帆风顺？希腊城邦，孤帆远影；罗马共和，日落西山；民主进程，一波三折；自由之路，险象环生。宗教裁判所就不说了，十字军东征也不说了。单是20世纪，世界大战就打了两次。

文明的步伐，总难免一脚深一脚浅；国家的意义，谁都不可能一夜看清。唯独需要国家，古今中外一样，不管是东方还是西方，臣民还是公民。

那么，国家的秘密又在哪里？

第二章

城市跟你说

伯里克利位高权重，
在他的治下，雅典走向辉煌。
然而他的待遇，比大禹和周公差得远，
作为公民，他没有任何特权和享受。

国家与城市

国家的秘密，北京知道。

作为中华帝国的首都，明清两代的北京气势非凡。运河般宽阔的护城河旁，芦苇挺立，岸柳成行，树影婆娑。每当鸭子在河上滑行，或清风从叶间梳过，倒映在水面的垛墙就会开始颤动并破碎，展现出梦幻般的景象。

抬头望去，城楼和城墙突兀高耸，在万里晴空的映衬下现出黑色的轮廓，门楼那如翼的飞檐凌空展翅秀插云霄。行人昏昏欲睡地骑在毛驴上进入城门，身后农夫肩挑的新鲜蔬菜青翠欲滴，耳边响起的则是不紧不慢的驼铃。

这就是瑞典学者奥斯伍尔德·喜仁龙笔下的北京，准确地说则是1924年的北平。它是中国所有政治中心的典型和代表。也许，两三千年前的王城也就是这个模样：同样巍峨的城楼，同样浑厚的城墙，同样古朴的城门，把威严的王宫和喧嚣的街市与恬静的乡村联系起来，只是没有骆驼。[1]

是的。夏商周那会儿，驼铃还没响起。

但，一定有城。

实际上，所有的古老文明都从建城开始，所有的文明古国也都有自己的城市。只不过，有的声名显赫，如亚述、巴比伦、孟菲斯、耶路撒冷；有的鲜为人知，如埃及的涅伽达和

◎ 民国初年的北京城墙

希拉康波里斯，印度的摩亨佐达罗和哈拉巴，克里特的诺萨斯和法埃斯特。没有城市，则不可能。

城市，是文明的标志。

比如特诺奇蒂特兰（Tenochtitlan）。

这座名字陌生的城市，其实就是墨西哥城（Mexico）的前身。它是北美洲阿兹特克人（Aztecs）的杰作，却不幸被西班牙入侵者毁灭，但一位1519年侵略战争的亲历者还是目睹了它的壮丽辉煌：由火山口形成的湖泊碧波荡漾，岛屿上的楼台亭阁鳞次栉比，众多小岛与湖岸有堤坝相连，巨大的王宫和高耸的庙宇在墨西哥灿烂的阳光下熠熠生辉。[2]

考古学家告诉我们，这是一座正方形的城市，主要街道又宽又直。城市中心修建了百余座神庙，其中最有名的是太阳神金字塔。金字塔由巨石砌成，高达42米，顶部并列建有两座神殿，一座供奉雨神，一座供奉太阳神兼战神。

供奉是必须的。因为阿兹特克人用了两个半世纪才从北方来到这里，并且看见了神的预言：一只雄鹰叼着蛇站在仙人掌上。特诺奇蒂特兰即得名于此，阿兹特克也由于这座意为“鹰衔蛇栖息之地”的城市，从部落变成了帝国。[3]

显然，古老民族的建国史，也同时是他们的建城史。

实际上城市学家已经发现，特诺奇蒂特兰虽然远在八竿子打不着的西半球，却与几千年前的巴比伦（Babylon）有

◎ 特诺奇蒂特兰复原图

着惊人的相似之处。这就雄辩地证明，兴建城市是人类的共同爱好，目的也许是要用人造的环境替代上帝的伊甸园。[4]

也许吧，也许。

我国最早的城市遗址在河南省偃师市二里头，它被认为是中晚期的夏都。夏都的规模比不上特诺奇蒂特兰，却依然能够作为证据呈现在历史舞台上。更重要的是，我们民族掌握了无可辩驳的铁证，完全可以证明国家与城市的关系。

这个铁证就是古文字。

◎ 甲骨文、金文“國”

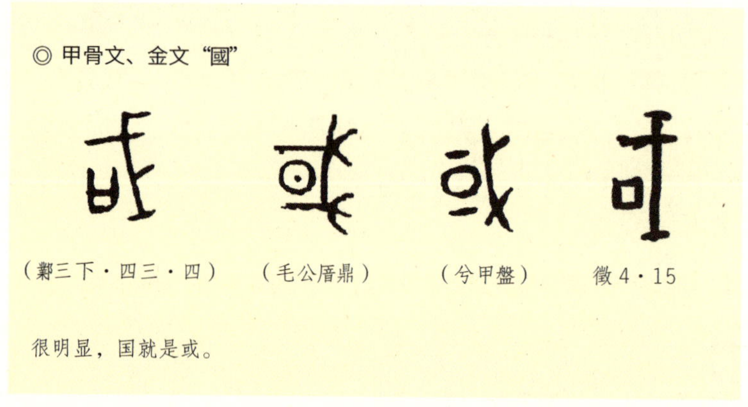

很明显，国就是或。

从上面的图不难看出，国家的国，地域的域，还有或者的或，甲骨文是同一个字，字形也都是左边一个口，右边一个戈。口读如围，意思是圈子、围墙、势力范围。戈当然是兵器，意思是家丁、打手、保镖、警卫。也就是说，一个氏族或部落一旦定居，有了自己的地盘，就会弄个栅栏或墙垣之类，再挖条沟，派兵看守。这就是“或”。[5]

地盘是越变越大的，人口是越变越多的，规格也是越变越高的。于是，或字旁边加上土，就成了“域”；或字外面加上口，就成了“國”。有学者认为这是画蛇添足，其实恐怕未必。国家毕竟不是土围子，岂能还是“或”？[6]

那么，国家不同于部落的地方在哪里？

城市。

世界上的文明古国有两种。一种是一个城市加周边农村为一国，叫城市国家（city state 或 polis），简称城邦；另一种是中心城市（首都）加其他城市及其农村为一国，叫领土国家（territory country）。两河流域南部最早出现的，就是城市国家；兼并了上下埃及的第一王朝，则是领土国家。

领土国家也好，城市国家也罢，都得有城市，也都要以城市为中心。事实上，在我们古代文献里，国就是城，城就是口，比如国门就是城门，国中就是城中，而国人也就是国都里的人。至少在春秋战国，是如此。

其实在春秋时期，城市国家已经不多，大国也都是领土国家。领土国家的“国”就是首都。但，即便在春秋，法理上的首都也只有一个，即周天子所在地，叫“中国”，意思是全世界的中心城市，后来才泛指京都所在地区。

用中国一词指我国，其实是很晚的事。

至于现代意义上的国家，古人是叫“邦”的，国家也原本是“邦家”。后来因为避汉高祖的讳，才改邦为国。其实国只是都城，邦才是全境。城郭之内曰国，四境之内曰邦。联邦不能叫“联国”，邦联不能叫“国联”，邦交不能叫“国交”，中国不能叫“中邦”，是有道理，也是有原因的。

国家的秘密，就在城市。

知道了为什么要有城市，就知道为什么要有国家。

大屋顶

城市好吗?

难讲。

不要说现在的城市病得不轻，古代的城市也未必就是人间天堂。中国古代的官员，京官也好，县令也罢，都会在自己的家乡买田置地，随时准备“告老还乡”。必须一辈子呆在城里，还只能呆在城中城的，只有那可怜的皇帝。

于是作为补偿，皇帝修了御花园，贾府修了大观园，欧美的贵族和富豪则在乡间建造或者购买了别墅。

城市确实未必美好。

当然，未必而已。

那么，人类又为什么要发明它?

为了安全。

安全从来就是第一位的。从原始人的洞穴，再到房屋和聚落，人类聚族而居不仅为了抱团取暖，更为了实际上的安全性和心理上的安全感。作为最大的聚落，城市无疑比农村安全，冷兵器时代就更是如此。所以古代许多城市都有城墙或城堡，比如雅典（Athens）就有卫城（acropolis）。雅典卫城建在高高的山丘上，不但有城墙，而且有神庙。最重要的帕提侬神庙（Parthenon Temple）供奉的，则正是这座城市和人民的保护神——雅典娜（Athena）。

◎ 比雷埃夫斯的雅典娜

青铜铸造，制作于公元前4世纪晚期，现藏于比雷埃夫斯考古博物馆。

这就让整个城区充满神祇庇护的安全感。[7]

例外当然也有，比如斯巴达（Sparta）。斯巴达虽然也号称城市，却既没有高大的城墙，也没有像样的街道。为此他们付出的代价，是把所有的成年男子都训练成战士，用自己的血肉之躯筑起无形的城墙。[8]

◎ 训练中的斯巴达人

这幅19世纪的木刻版画描绘了正在训练的年轻的斯巴达人。据郭圣铭《世界文明史纲要（古代部分）》。

所以，斯巴达国家实行的是军事化管理。贵族家庭的婴儿出生之后要精心挑选，体弱多病的抛弃到山野，体质强壮的才留下抚养，然后七岁就送进军营，接受野蛮训练，包括每年都要跪在神的面前受一顿鞭打。做母亲的则会在他们出征时拿出一块盾牌说：要么举着回来，要么躺在上面。[9]

难怪他们不要墙。

中国古代的城市却是有墙的。

不妨来看城的古文字。

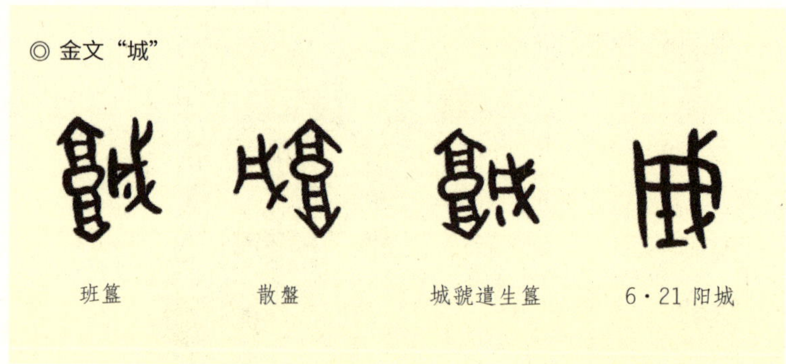

◎ 金文“城”

很清楚，城也没有甲骨文，只有金文、陶文、货币和玉片上的文字。字形差异很大，解释却很统一。学术界基本上都认为，城的本义就是“都邑四周用作防守的墙垣”。如果有内外，则内城叫城，外城叫郭。有高低，则高的叫墙，低的叫垣。墙、垣、城、郭，可以都有，不可能都没有。没有城墙的城市就像没有屋顶的房屋，根本就不可思议。[10]

至少，在我们民族是如此。

因此，尽管并非所有的古老城市都有城墙，但几乎所有古老文明都是农业民族创造的，比如埃及人就把自己的国家称为“克麦特”（Kmt），意思是有别于沙漠的黑土地。他们最先建立的也都是城市国家。两河流域的苏美尔（Sumer），尼罗河流域的涅伽达（Naqada），都如此。

城市，是古代人类的大屋顶。

高大而坚固的城墙，也迟早会被发明出来。

这并不奇怪。对于农业民族来说，安居才能乐业。这就不但要有前哨，还要有退路。靠近田地的村庄就是前哨，有着高墙的城市就是退路。兵荒马乱，能够进城避难；遭遇灾年，可以进城要饭；有余有不足，则不妨进城交换。

城市，让农民免除后顾之忧。

因此，在战事频仍的古代，最重要的是筑城，最持久的是围城，最艰难的是攻城，最残忍的是屠城。

难怪游牧民族没有城市也没有国家了，他们用不着。

海盗和桃花源中人，也一样。

事实上，一个族群，如果从来就处于和平状态，既未遭遇侵略，也不侵略别人，他们就不需要城市，也不需要国家，比如菲律宾棉兰老岛上的塔萨代人（Tasadays）。同样，如果他们永远处于攻击状态，每个人都是战士，也不会需要这两样东西，比如巴布亚新几内亚的芬图人（Fentou）。[11]

可惜，我们民族既不是塔萨代人，也不是芬图人。我们不但“很农业”，还幅员辽阔、人口众多、历史悠久。所以我们不但要有城墙，还要有万里长城；不但要有国家，还需要中央集权。而且，这个中央集权国家的首都之一北京，还得由宫城、皇城、内城和外城四道城墙围起来。

国家，是最大的屋顶；京城，是最厚的城墙。

建立国家，首先图的是安全。

但，今天的北京已经没有城墙了，世界各国的城市也大多门户开放。国家的意义和秘密，还在城市那里吗？

这个问题，请上海来回答。

此时无墙胜有墙

上海原本也是有城墙的。

后来成为国际化大都市的上海，并没有长安和洛阳那样高贵的出身，也比不上开封和北京。在中华帝国最为灿烂的两汉和唐宋，它是默默无闻和毫不起眼的。直到元至元二十九年（1292），由于海上贸易的缘故，作为华亭县最大市镇的上海才开始设县，从此踏上了另一条城市之路。

此后又磨磨蹭蹭了两个半世纪，上海才在明嘉靖三十二年（1553）勉勉强强地修建了城墙，却是圆的，原因据说是经费不足。然而即便是这个最省钱的城墙，也还是在1843年开埠以后，由于官绅士商的一致呼吁而被拆除，理由则是城门和城墙妨碍了车马行旅和金融商情。[12]

原来的墙址上，便有了一条圆圆的马路。

上海县真的变成了上海滩，四通八达，平坦开阔，一点神秘感、隐蔽感和安全感都没有。

然而怎么样呢?

涌进上海的人逐年递增。近一点的苏州、宁波，远一点的广东、香港，再远一点的欧美、印度、犹太和阿拉伯，无论有钱还是没钱，城里人还是乡下人，都竞相跨入这“冒险家的乐园”。结果是鬼佬与赤佬并驾，阿三与瘪三齐驱，官人与商人争奇，妓女与淑女斗艳。开放的上海滩华洋杂处，贤愚俱存，贫富共生，有如大唐帝国的长安。

问题是，上海并不是帝都，也没有城墙。这么多的人趋之若鹜，又是为了什么?

为了自由。

自由是城市的特质。

很难准确知道这个特质产生于什么时候，但肯定与商业有关。事实上在汉语中，城与市意味着不同的功能：城主要是政治的，比如京城和县城；市则更多是商业的，比如集市和街市。城市的性质不同，倾向性也不同。

比如安特卫普（Antwerp）。

历史上属于尼德兰（The Netherlands），现在属于比利时的安特卫普，在公元16世纪是欧洲最富有的商业城市，也是当时世界上最重要的贸易和信贷中心。据说，那时欧洲各国在这里设立的商行和代办处多达千家，每天往来的外国商人有五六千，港口则可以同时停泊两千艘船只，其繁荣和繁忙有如我国唐代的广州、宋代的明州（宁波）和泉州。

繁荣和繁忙是因为开放。安特卫普城内交易所门前悬挂的标牌，便是“供所有国家和民族的商人使用”。这也是尼德兰北部城市阿姆斯特丹（Amsterdam）和英国伦敦（London）的共性。而且，由于伦敦更加开放，终于成为资本主义世界的经济首都。直到20世纪仍然存在的17家总部设在伦敦的商业银行，竟有15家的创始人是来自其他国家的移民。[13]

◎ 比利时安特卫普老证券交易所

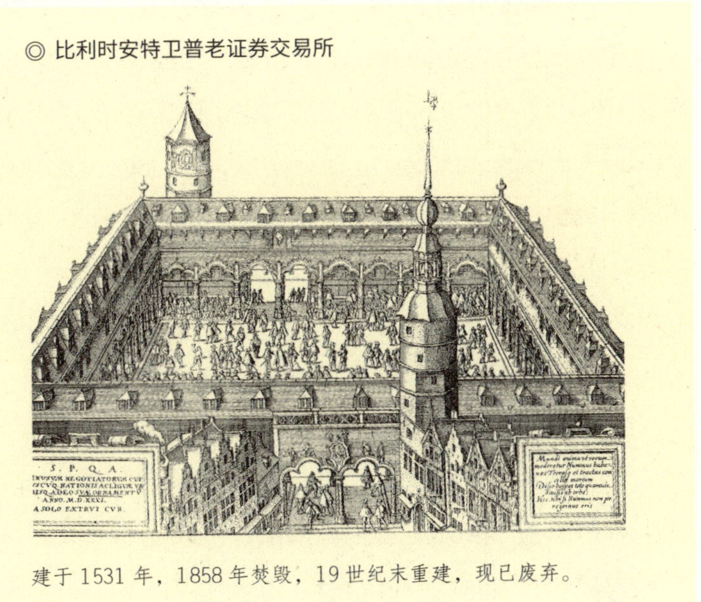

建于1531年，1858年焚毁，19世纪末重建，现已废弃。

开放带来的是自由。正如后面还要详细讲到的，中世纪欧洲某些自治城市（city status）甚至规定，逃亡的农奴如果在城里住够了一年零一天，他便成为自由人。由此，还产生了一句民谚——“城市的空气使人自由”。[14]

当年的上海就是这样。热血沸腾的革命党，精于算计的生意人，个性张扬的艺术家，无家可归的流浪汉，都能在这里出出进进。二战期间，上海甚至敞开大门接纳了大量被纳粹追杀迫害的犹太人，把自由的旗帜高高举起。

没有城墙的上海，反倒是安全的。

是的，此时无墙胜有墙。

其实，如果仅仅只有安全的需要，城市和国家都并非必需。氏族和部落的土围子就已经很好。问题在于，哪怕它好得就像福建客家人的土楼，四世同堂，固若金汤，邻里守护相望，土围子的封闭性也终归会大于开放性。因此，在那里不会有使人自由的空气，弄不好还会相反。

必须有一种新型的聚落，既能相互认同，又能各得其所；既能保证安全，又能让人享受到充分的自由。

这种新型的聚落，就是城市。

新聚落（城市）与老聚落（土楼）的最大区别，在于里面住的不再是“族民”，而是“市民”。市民的关系一定是“超血缘”的。他们之间的交往、交流和交易，也一定会超出地域的范围，打破族群的界限，甚至杂居和混血。

这就必定产生出两个新的东西，一是超越了家族、氏族、胞族、部族的“公共关系”，二是与此相关的“公共事务”。处理这样的事务和关系，氏族部落时代的办法和规范已不管用。管用的，是拥有“公共权力”的“公共机关”，以及如何行使权力的“公共规则”。

关系、事务、权力、机关和规则都是公共的，这就是问题的本质所在。而且我们知道，这个公共规则就叫法律，这个公共权力就叫公权，这个公共机关就叫国家，而代表国家行使权力的人就应该叫公职人员或公务员，甚至公仆。他们和公共机关的任务，是依照公共规则并使用公共权力，管理公共事务，处理公共关系。

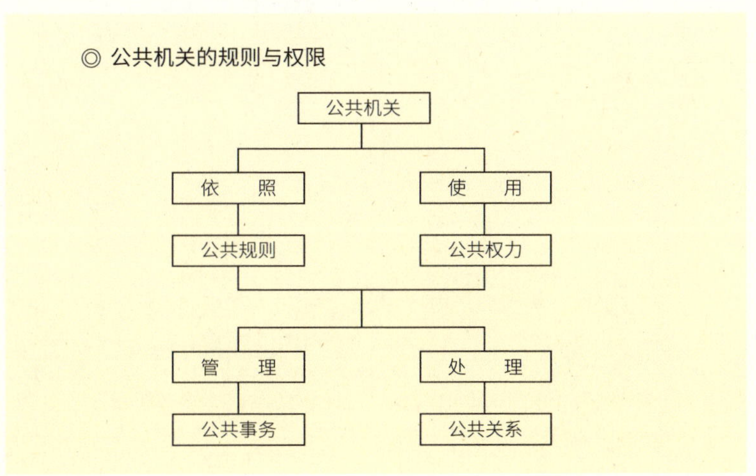

这就是城市带来的变化。

于是，以城市为标志，国家诞生。

也就在这天，“或”变成了“國”。

变成了“國”的“或”不再是氏族和部落，它的人民也不再是族民而是国民。所谓国民，就是依靠公共权力来处理公共关系和公共事务的人民；而国家，则是利用公共权力来保证国民安全与自由的公共机关。因此，对于国家和国民，头等大事都是如何看待公共权力——交给谁？谁来交？怎么用？

不同的国家模式和体制，由此产生。

民主的模样

爱琴海早晨的阳光从来就很迷人，雅典的居民也大多起得很早。作为城邦的当家人，伯里克利（Pericles）将军早早吃完简单的早餐，就吻别女友办公去了。

他的女友是外籍居民，因此只能同居，不能结婚。

这事很让伯里克利头疼，因为这意味着他们生下的儿子小伯里克利，将不能成为雅典公民。

当然，外籍居民的待遇并不差。他们同工同酬，来去自由，所做贡献也能得到承认和尊重，比如医学之父希波克拉底（Hippocrates）和史学之父希罗多德（Herodotus）便都是外籍居民。但除非特许，他们不能拥有政治权利，对城邦的公共事务也没有发言权，哪怕是伯里克利的儿子。

伯里克利的郁闷，可想而知。

更糟糕的是，这条关于公民资格的法律，恰恰是伯里克利执政期间，由他本人提出并极力促成通过的。只不过，那时还没有这位让他神魂颠倒的同居女友。

这可真是不折不扣的作法自毙。

但伯里克利只能咽下苦果，尽管他是雅典城邦最有权势的人。事实上，伯里克利不仅位高权重，而且对城邦的贡献无与伦比。正是在他的治下，雅典走向辉煌，达到鼎盛，以至于这个时期被称之为“伯里克利的黄金时代”，这个时期的雅典也被伯里克利本人骄傲地称为“希腊人的学堂”。

伯里克利，是可以相当于大禹或周公的。

◎雅典民居

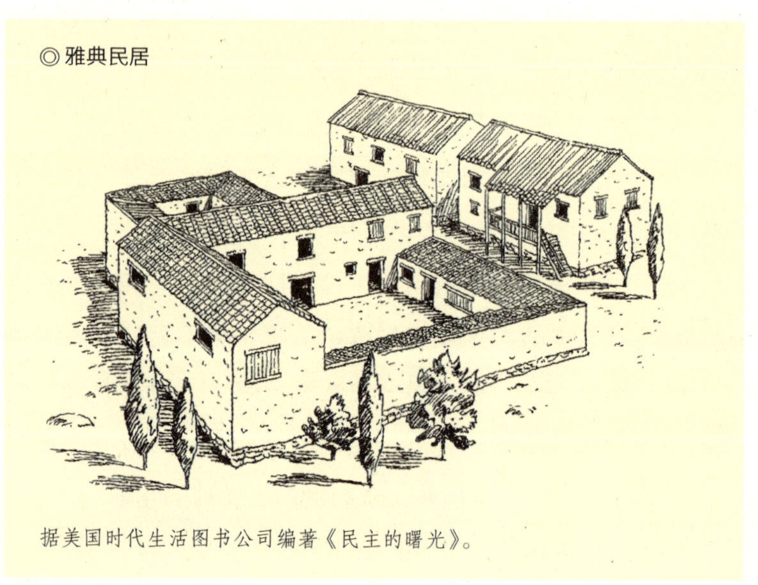

据美国时代生活图书公司编著《民主的曙光》。

然而伯里克利的待遇，却比大禹和周公差得远。作为公民，他没有任何特权和享受，只能跟其他人一起住在普通居民区里，房子是土坯垒成的墙，坡式屋顶上盖着赤陶的瓦片，就像前图所示。作为民选的将军，他也只能听命于公民大会。他甚至必须接受这样的事实：出席公民大会受审，并被判处巨额罚金和解除职务。尽管一年之后他再度当选。[15]

这事发生在公元前430年，也就是伯里克利发表“阵亡将士葬礼演说”的第二年。正是在这个著名的演讲中，伯里克利热情洋溢地讴歌了雅典的民主制度，认为只有这样的制度才是最合理的。也只有它才能保证城邦的繁荣昌盛，人民的幸福安康。他的演说是那样的真诚和实在，完全没有想到，很快就会被自己赞颂的制度，一耳光打得满地找牙。

命运相似的还有丘吉尔（Winston Churchill）。

领导了反法西斯斗争的英国首相温斯顿·丘吉尔，也是在胜利之后被他的人民利用民主制度卸磨杀驴的。1945年7月，保守党在英国大选中落败。正在波茨坦（Potsdam）参加会议的丘吉尔，只能黯然神伤地走下舞台。据说，挨了当头一棒的前首相闻讯以后发表了这样一句名言：伟大的民族对自己的伟大人物，总是忘恩负义的。

丘吉尔此刻的心情，怕是只有他自己知道了。

其实，他这句名言正是古希腊作家普鲁塔克（Plutarch）

对伯里克利的评论。而且我们还必须补充一句：这样的民族也一定是崇尚民主的。事实上，只有民主国家的公民才会如此“忘恩负义”，也只有他们才能够这样。

因为民主的要义，就是“主权在民，政权民授”。

是的，在民主制度看来，国家的公共权力不是哪个人的，也不是谁家里的，而是全体人民的。是全体人民当中的每个人，都把自己的“私权利”部分地让渡出来，这才共同组成和变成了“公权力”。使用公权力的执政者，只是让渡私权利之全体人民的代理人。故，他必须由人民选举，得到授权；必须对人民负责，受到监督；还必须有一定的任期，通过选举来换届。终身制，必非民主。

所以，民主国家的国民一定“忘恩负义”。他们固然看重你以前都做了什么，做得如何，却更关心你将来怎样，想干什么。丘吉尔被取代，原因就在这里。他和伯里克利一样，都是被赶下台以后又重新当选，原因也在这里。

同样，民主国家的国民也难免上当受骗。伯里克利的下台，还有许多不怎么样的总统、总理或议员的上台，便是如此。但，民主国家领导人的任期都有限制。因此，如果看走眼选错人，有后悔药可买。可见，民主是“可以纠正自己错误的制度”。也因此，民主是目前“最不坏的制度”。

这就是民主。它就是这个样子，不管你喜不喜欢。

君主的来历

与伯里克利的可怜兮兮相反，埃及的法老俨然是神。

法老（Pharaoh）的本义是宫殿，大约从公元前两千多年甚至更早，开始成为国王的尊称。实际上在此之前，法老就已经大规模地为自己修建死后的宫殿，只不过那些陵墓在古埃及叫庇里穆斯（pyremus），中国人称为金字塔。[16]

金字塔是埃及文明的标志性符号，与之配套的还有被称为斯芬克斯（Sphinx）的狮身人面像。这两件今天看来不可思议的建筑和雕塑艺术品，都以其巨大的体量和独特的造型象征着法老毋庸置疑和不可挑战的权威，就连那些征服世界的英雄，包括亚历山大（Alexander）、恺撒（Caesar）和拿破仑（Napoleon），在它们面前也不得不肃然起敬。[17]

此外还有王衔。

王衔是每个法老都有的，但不能叫出声来，因为据说里面有无法抗拒的魔力。这种魔力无疑来自神，王衔也就只能用特殊的符号来书写。于是我们看见，第一王朝八个法老的符号中都有一只鹰，就像中国太阳里的三足神鸟。

没错，它就是太阳神荷鲁斯（Horus）。

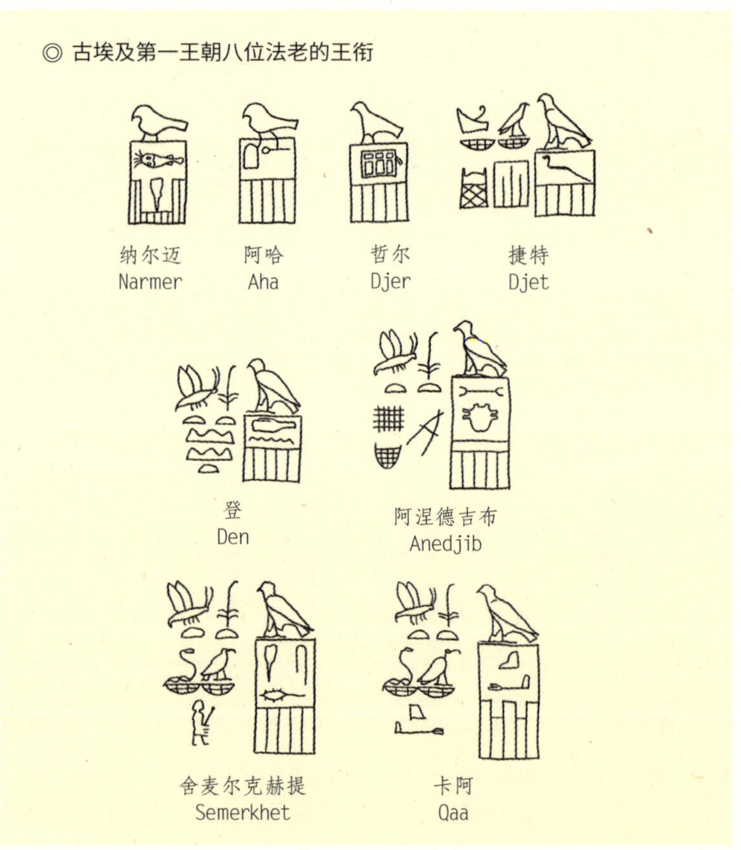

◎ 古埃及第一王朝八位法老的王衔

鹰神荷鲁斯原本是地方保护神，后来成为上下埃及共同的神。法老就是国家保护神在人间的化身和代表，是太阳神的儿子，死后则成为诸神中的一个。所以，如果地方的统治者要挑战中央，便会自称月亮神托特（Thoth）的儿子。

神的儿子当然不容冒犯，古埃及人对法老的尊崇在今天看来则近乎病态。当时贵族最大的荣幸是匍匐在他面前亲吻他的脚印，最值得夸耀的是终身不曾挨过他的鞭挞，一位官员甚至由于能够跟法老说话而激动得昏了过去。[18]

也许，这就叫“主权在君，君权神授”。

但，君主制的要义却未必就是这八个字。主权在君没有问题，神授则不一定。正如我们将在第三卷《奠基者》中讲到的，周天子的权力就被认为是天授。同样，中国历史上第一位君主夏启，也没有君权神授的观念。看来，君主的来历也是可以讨论的，我们或许可以从中得到某种启示。

那就来看古文字。

古埃及文通常被称为象形文字，其实叫作图画文字恐怕更为准确，真正象形的是中国的甲骨文和金文。不过象形也好图画也罢，共同特征是直观，因此是可破译的密码。比如就像下一页的图所示，古埃及的伟大在于那只神鹰，甲骨文和金文的“大”却明明白白是正面而立的人。

那么，君呢？

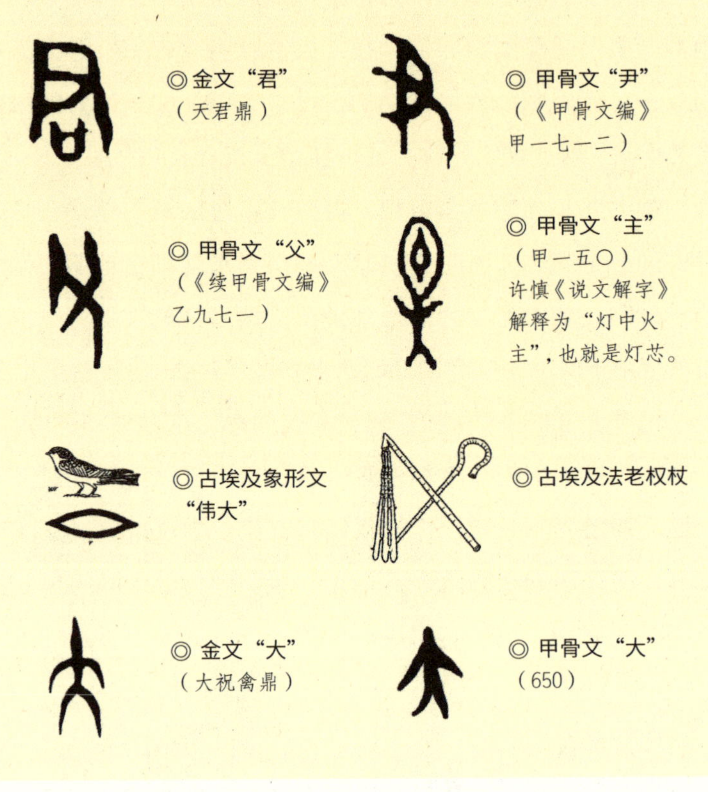

正如上图所示，君就是尹在发号施令。

尹的字形是手上拿了根东西，跟“父”十分相像。按照文字学家的说法，区别仅仅在于尹的手上是杖，父拿的可能是杖，也可能是斧或炬。斧是开路的，炬是引路的。在原始时代的漫漫长夜，这样的人当然是带头大哥。[19]

因此，他也就是主。

主，甲骨文的字形是一盏灯，本义则是灯芯。这就跟父和尹一样，有当家做主或者主心骨的意思。实际上父或尹手上拿的无论是什么，都意味着指挥权。炬也好，斧也好，杖也好，也都是指挥棒。后来就变成指挥刀，甚至权杖。[20]

父是一家之主，尹是一群之主，君就更是。因为尹加上口就是君，君加上羊就是群。兽三为群，人三为众。人多就叫众，兽多才叫群，群众就是羊一样的芸芸众生。可见君的本义是牧羊人，后来才成为人众的领导者。

显然，君主不是神，也不该是神。他起先是劳动者，这就是氏族的族长；后来是领导者，这就是部落的酋长；最后才是国家的统治者，这就是君主，是诸侯、国王、皇帝。

作为劳动者和领导者，最早的君原本是一些具有个人魅力的人。他们是在族群披荆斩棘、筚路蓝缕、刀耕火种、杀出重围时脱颖而出的。策划则神机妙算，围猎则奋勇当先，迎敌则指挥若定，农耕则每每丰收。这样的人，当然不难获得族民由衷的尊敬和拥戴，成为当之无愧的领袖。他们甚至可能由于特殊的贡献而在死后被尊为神，比如大禹。

这是跟民主完全不同的道路。

比较，也许是必须的。

殊途同归

道路的选择有如航海，不同的民族有不同的海图。

东方各国选择的都是君主制。而且，也都是先从部落（或部落联盟）变成部落国家，然后从城市国家变成领土国家，最后从各自为政走向中央集权，变成王朝和帝国。

先行一步的是埃及。

埃及是尼罗河的赠礼，希罗多德的这句话并没错。这条伟大的母亲河有六个瀑布，最北边的第一瀑布是埃及的地理分界线。而且，由于尼罗河是从南向北流淌的，因此与人们通常的想法相反，北面的叫下埃及，南面的叫上埃及。

公元前3100年，有人将分治的上下埃及都置于自己的统治之下，从而建立了第一王朝。此人的名字以前被认为叫美尼斯（Menes），现在则多半叫纳尔迈（Narmer）。

证据是在一座名叫希拉康波里斯（Hierakonpolis）的城市发现的。1897年，英国考古学家在那里找到了一块古埃及人化妆时用的调色板。调色板刻着纳尔迈的名字，他的形象则正反两面都有，分别戴着上埃及和下埃及的不同王冠。[21]

兼并上下埃及的，可以肯定是纳尔迈了。

或者说，纳尔迈和美尼斯其实是同一个人。

埃及，也开始成为帝国。

这就比两河流域萨尔贡（Sargon）的阿卡德（Akkad）王国和汉谟拉比（Hammurabi）的古巴比伦王国，印度的孔雀王朝（Maurya Empire）和中国的大秦帝国，要早得多。[22]

同样值得注意的是，从秦始皇开始，中国的皇帝也不是神或神的儿子，而是天的儿子，叫天子。当然，也没有什么祭司或教皇之类的人物可以凌驾于他们之上。所以，中华帝国是最稳定和最完善的帝国，稳定到不会被蛮族征服，也不可能在自己内部发生制度性的革命。

海图，确实是多样的。

希腊和罗马是另一条路。他们的政治体制其实有许多种，包括贵族政治和寡头政治。简单地说，雅典选择的是民主，罗马选择的是共和。雅典的民主存在了二百多年，然后被马其顿王国征服。罗马的共和则存在了近五百年，然后是君主制。到西罗马帝国灭亡，差不多也是五百年。[23]

航线，也是多样的。

但，构成海图的要素，世界各民族却是相同的。最重要的，是公共关系、公共事务、公共权力、公共机关和公共规则。规则，有公民的约法、君主的王法，以及中国的礼法。礼法、王法、约法，原则上都应该是成文法。公权力的行使，也要依靠法令和文书。因此，各文明古国都有自己的文字，比如古埃及的图画文字、苏美尔的楔形文字、克里特的线形文字、哈拉巴的印章文字、中国的甲骨文字。

这是文明的界碑。

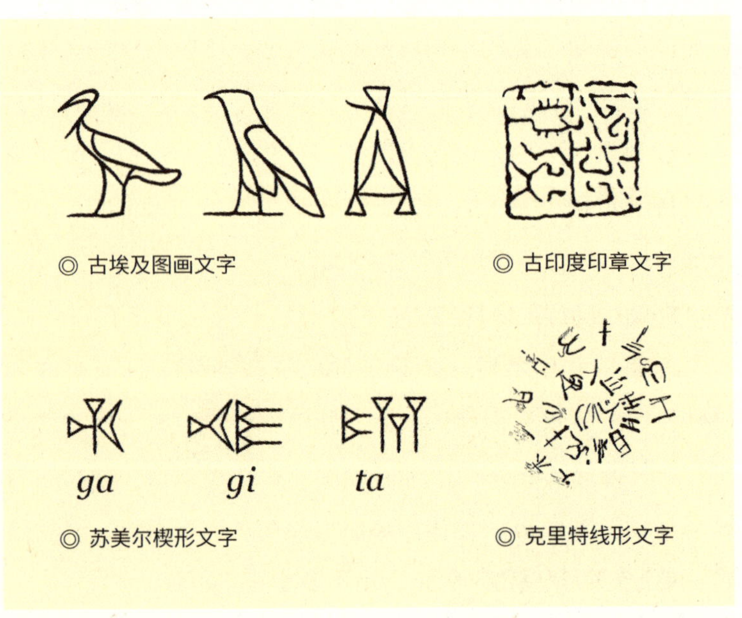

◎ 古埃及图画文字

◎ 古印度印章文字

◎ 苏美尔楔形文字

◎ 克里特线形文字

那么，选择航线的灯塔是什么？

安全与自由。

但，安全与自由就像公平与效率，是一对矛盾。侧重点不同，选择就会两样。更看重自由的，选择民主制；更看重安全的，选择君主制。因为民主的政府必定弱势。非如此不能保证国民的权利不受侵犯，国民的自由不被干涉。不过这样的政府要想集中力量办大事，在古代便难免力不从心。这是大多数古老民族最终都要选择中央集权的原因之一。[24]

是啊，要么有自然灾害需要抗拒，要么有外来强敌需要抵御，政府非得强势不可。

问题是，安全可以用技术来解决，自由却只能靠制度来保证。因此，世界各民族又会殊途同归，最终都将走向民主政治和民主制度。只不过在此之前，大家都得走过漫长的道

◎格尔蒂法典（局部）

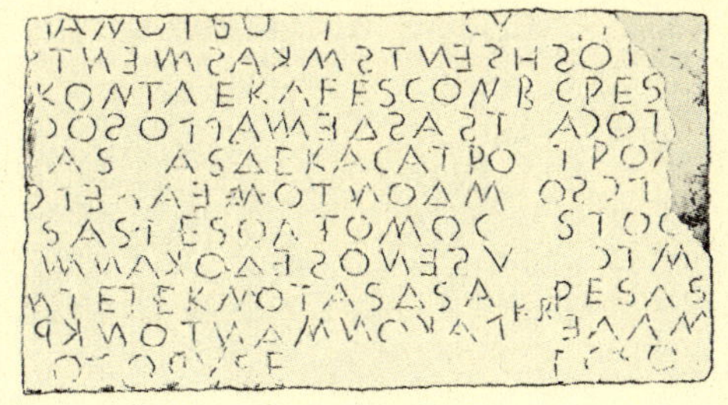

该法典是古希腊时期，克里特岛南部城邦格尔蒂的民法大典，是欧洲最早的法典，可追溯至公元前5世纪上半叶。

路，包括西方，也包括中国。

然而，没有什么航程会是弯路，没有什么探索毫无意义。所有民族的勇往直前和坎坷曲折，都是全人类的共同财富，也都是可以互相借鉴的。为此，我们恐怕得去走走人家的航路，并顺便访问几个港口。

比如雅典，比如费城。

第三章

从雅典到费城

杰弗逊和他的同伴们
写下了伟大的《独立宣言》，
这份宣言蕴含着独立、自由、
平等、科学、民主、法治等种种精神，
而这些，正是美国的国家精神。

民主是个意外

战国前夕，当时叫作晋国现在叫作山西的地方发生了一起谋杀案。世袭的晋国大夫赵桓子去世后，儿子立即被族人集体谋杀。理由是赵桓子的继位，原本就不符合前任赵襄子的遗愿。因此，他儿子不但不能袭爵，还必须被杀掉。[1]

也就在同一年，雅典街头有个卖香肠的却被撺掇着去当政治家，因为他被认为具有一切民主派人士的共同特点：出身卑贱，会做买卖，厚颜无耻，蛮不讲理。一位将军认真地对他说：去吧，伙计，这是世界上最容易的事。

卖香肠的吓了一跳：当政治家？我？

将军说：怎么，难道你的父亲是一位绅士？

卖香肠的说：指天发誓，我们全家老小都是无赖。

将军说：我的神，你真是个幸运儿。

卖香肠的说：可是我几乎不认识字。

将军说：那就更好！你以为什么人能当人民领袖？不是要有学问，也不是要有道德，而是既卑鄙又无知。[2]

哈哈，这可真是太好玩了！

当然，雅典发生的事情不是史实，而是剧情，是古希腊戏剧家阿里斯托芬（Aristophanes）讽刺喜剧《骑士》中的情节。这出戏就是在晋国那个倒霉鬼被杀的公元前424年公开上演的，还得了头奖，因此可以看作是历史。它至少说明在当时的雅典，很有一些人对民主政治不以为然。

这就意味深长。

众所周知，雅典城邦的民主制度是人类历史上的第一例。它在后世是被当作成功的典范而备受推崇的。然而谁能想到，当时竟会遭到如此嘲讽？更具讽刺意味的是，喜剧原本也是最具民主性的艺术样式。喜剧，尤其是讽刺喜剧，只有在民主的氛围中才会有立足之地。也只有在民主国家，喜剧家才能真正享受到最充分的言论自由，不用惧怕因为刺痛了某些权势人物而受到政治迫害。可是，这种最民主的艺术却被用来嘲讽民主，这真是让人情何以堪！

然而只要转念一想，我们就会发现这恰恰是民主制度的优越所在。想想看吧，反对民主的人可以大声说出自己的反对并获得满堂喝彩，请问还有什么制度比这更不坏呢？

恐怕没有。

但这种最不坏的制度，在当时却是异类，甚至意外。[3]

学术界一般都认为，雅典的民主政治开始于公元前594年的梭伦（Solon）改革。但就在六年前，伊朗高原西部米底（Media）王国的国王却做了一个奇怪的梦。他梦见自己那个嫁给波斯酋长的女儿身上长出枝芽，覆盖亚洲。对此，王室御用祭司的解释是：公主殿下的儿子将征服世界。

国王大为恐慌，下令将那婴儿杀死在荒郊野外。然而由于刺客的心慈手软，孩子逃过一劫，在自己的部落里茁壮成长为一个英雄，并且当真建立了新的帝国。而且，最先被他灭亡的古国，便是他外祖父的米底。

我们知道，此人就是居鲁士（Cyrus）。

他创立的，则是波斯帝国（Persian Empire）。

◎居鲁士圆柱

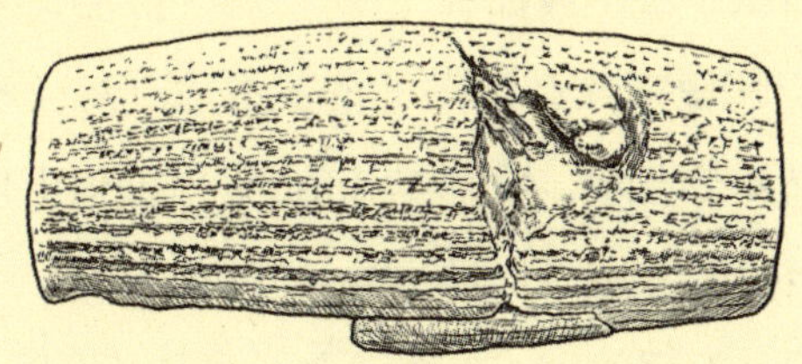

粘土制圆柱体，上刻阿卡德语楔形文字，署名为波斯帝国的居鲁士大帝。制作于公元前539年，1897年出土于美索不达米亚巴比伦遗址（今伊拉克），现藏大英博物馆。

居鲁士的生平已经无法确认，也有人说他其实是牧羊女和波斯强盗的私生子。不过米底国王的梦还是被见多识广的希罗多德记录在案。那么请问，这是民主梦吗？[4]

不，帝国梦。

其实看看左邻右舍就知道，雅典试行和实行民主的那两个半世纪，世界格局绝非民主浪潮风起云涌，而是君主制度遍地开花。埃及从建国到灭亡就一直是王朝，尽管那王朝未必是埃及人的，西亚也从一千七百年前起便走马灯似的出现了一个又一个的王国。跟雅典同时代的印度和中国则都在走向中央集权，我们从春秋战国走向大秦帝国，印度从列国时代走向孔雀王朝。有人搞民主吗？没有。

就连希腊本土，也是三种政体并行不悖：雅典，民主政治；科林斯（Corinth），寡头政治；斯巴达，贵族政治。在文明的起点上，希腊人也分道扬镳。[5]

民主的雅典，渺小而孤独。

因此，当阿里斯托芬使用他的民主权利尽情嘲讽民主制度时，他当然不会想到，在雅典2550平方公里土地上进行的政治实践，连同它的成功与失败、经验和教训，都将成为种子，成为泉眼。千百年后，这种子会长成参天大树，这泉眼会变成滔滔江河，变成“顺之者昌，逆之者亡”的世界潮流。

事实雄辩地证明了，一种制度、精神和文明，只要符合人类的共同人性和共同价值，就总有一天会产生出来，哪怕当时只是个案，甚至只是意外。问题仅仅在于：意外是怎么发生的，特例又为什么会变成通例?

这得先让希腊人来回答。

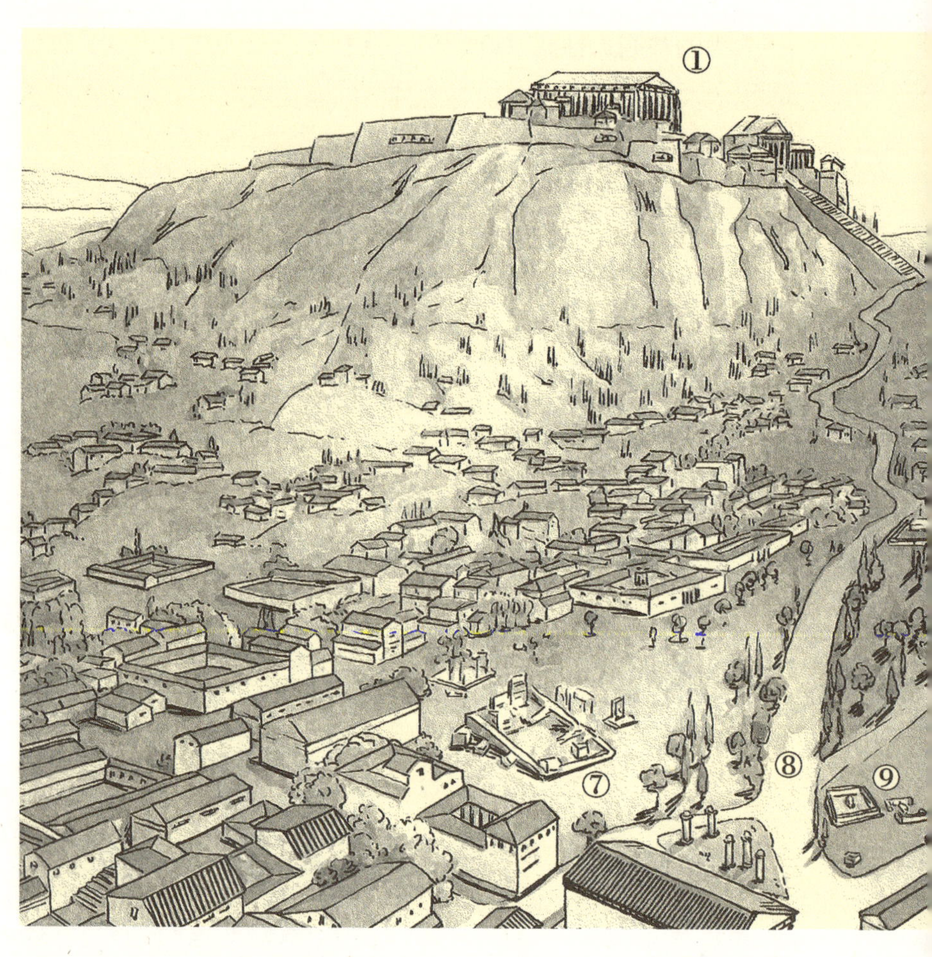

◎ 公元前 5 世纪左右的希腊雅典卫城

① 帕提侬神庙
② 公民大会会场
③ 公民法庭
④ 将军驻所
⑤ 雅典议会
⑥ 宙斯庙柱廊
⑦ 未完工的雅典法庭
⑧ 泛雅典大道
⑨ 十二主神祭坛

山那边是海

柏拉图说，希腊人是“围着池塘的蚂蚁和青蛙”。

这个池塘叫爱琴海（Aegean Sea）。

爱琴海是希腊人的母亲，她就像从海水的泡沫里创造阿芙洛狄忒（维纳斯）一样把希腊人创造了出来。在欧洲，没有哪个地区会像希腊那样拥有如此漫长而曲折的海岸线，以及如此众多的岛屿。站在希腊任何一个山顶，你看到的都将是蓝天白云下那浩瀚的大海，一望无际。

这是一个海阔天空、无拘无束的自由世界。

如此开放的视野，是让人心胸开阔的。何况还有冬天和暖的阳光，夏天凉爽的信风，这至少保证了他们在露天广场召开公民会议，将不会成为困难重重的事情。

只有一样东西上帝没给他们——肥沃的土壤。

的确，希腊的山坡是荒凉的，土壤是贫瘠的，许多地方寸草不生。适合生长的，主要是葡萄藤和橄榄树；适合生产的，则是葡萄酒和橄榄油，还有盛放它们的陶罐。这些产品很容易就能变成商品，贩运到马其顿（Macedonia）、波斯和埃及等地，换取自己需要的粮食、木材和日用品。

于是希腊人说：好吧，我们航海去！

航海是自由的旅行。在滑翔机和降落伞发明之前，航海无疑最能让人体会到什么是自由，也最能让人明白什么是责任和理性。在航海中，任何头脑发热的轻举妄动和不负责任的胡作非为，都可能导致葬身鱼腹的灭顶之灾。希腊文明中一直有着自由和理性的精神，请不要忘记航海的作用。

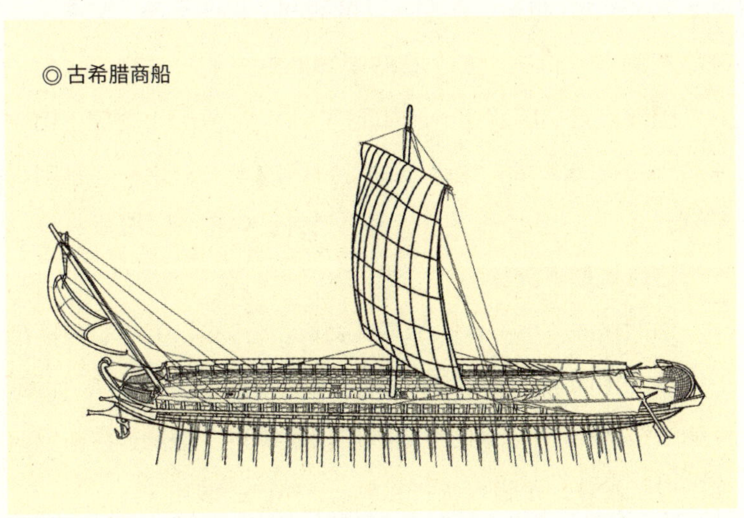

◎古希腊商船

◎ 公元前 3 世纪的地中海商贸路线

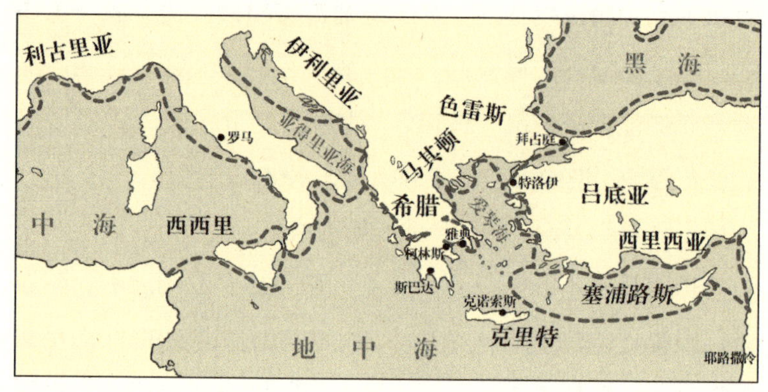

还有殖民和经商。

殖民和经商也是希腊人的拿手好戏。据统计，公元前8世纪到公元前6世纪，参加殖民的城邦有四十多个，派生出来的城邦则有一百三十多个，跟爱琴海的岛屿一样繁多。它们的共同特点是小国寡民，比如厄齐那（Aegina）的国土面积只有一百平方公里，相当于香港特区的十一分之一，基阿岛（Kythira）一百三十平方公里内则居然有四个城邦。

这可真是不厌其小。

然而这些“小不点”却不畏强权。公元前492年，波斯国王大流士（Darius）要求希腊各邦臣服，外交辞令叫“贡献水和土”。结果，帝国的使者在雅典被扔进了深渊，在斯巴达被扔进了水井。希腊人说：要水土，自己去取！

接下来，便是著名的马拉松战役。

马拉松（Marathon）是爱琴海东海岸的一处平原，距离雅典城只有42公里。因此，当波斯的十万大军来到时，雅典军队便面临两种选择：保卫城市，还是迎击敌人？按照民主制度，将军们把选择权交给了人民。公民大会则以压倒多数作出决议：在马拉松与来犯之敌决一死战。

雅典的男儿们吻别母亲出发了。

可是，当他们真正来到战场时，立即就被眼前的场景所震慑：平原上到处是敌人，既有步兵又有骑兵。斯巴达的援军还在路上，雅典方面却只有一万重装部队，还是全民总动员的结果。所有家当都在这里，敌强我弱，拼得起吗？

将军们一筹莫展。

这时，雅典人特有的公民自豪感起了决定性作用，一位老兵挺身而出接过了指挥权。他把阵式列成长方形，又故意让中部显得虚弱。不知就里的波斯人冲了进来，结果被两翼的雅典军队包抄围歼，剩下的则逃回了船上。

战争结束后，雅典军队派出了信使。这个勇敢的人一口气跑完42公里，冲进城里大声说：我们胜利了。

说完，他便倒地身亡。[6]

没错，雅典胜利了。后来，他们又在萨拉米斯（Salamis）海湾以弱胜强，大败武装到牙齿的波斯军队。可爱的蓝精灵终于斗败了格格巫，这就再次证明，自由的精神一旦被自由的人民所掌握，将会转化成怎样的力量。

◎ 伯里克利在阵亡将士国葬典礼上发表演说

据美国时代生活图书公司《全球通史》第 2 册。

真正自由的，也一定是真正独立的。希腊城邦制度和殖民事业的一个重要特征，就是“独立”。不管这些大小城邦之间是什么关系，是兄弟，还是朋友，或者母子；也不管它们选择什么样的政治体制，是民主政治，还是寡头政治，或者贵族政治，都各自为政、自行其是。没有人能够凌驾于这些城邦之上，哪怕只是名义上的天下共主。

希腊，是没有“周天子”的。

实际上，希腊人如此热衷于殖民，一个重要的原因就是想独立。也就是说，一个部落或城邦的大家族如果人口过剩，那些地位相对较低、又不甘心被边缘化和底层化的“调皮捣蛋分子”，就会选择远走他乡，自立门户。他们的态度也很明朗：如果殖民成功，那就分庭抗礼；如果失败，则宁肯到“蛮邦”去当雇佣兵或打工仔，也不会回来做那“凤尾”。

独立自由，比荣华富贵更重要。

这就是海的儿子希腊人。航海让他们体会到自由，殖民让他们懂得了独立。那么，经商的意义又是什么？

学会平等。

一刀两断

平等是商业活动的基本前提。

人类为什么要有商业？因为需要交换。为什么能有商业？因为可以商量。因此，真正的商品经济，一定是公买公卖、平等互利的，也一定是成交自由、可以讲价的。这就必须独立。独立才平等，平等才自由。像中国皇帝和臣民之间那样，一方叫孝敬，一方叫赏赐，便不是商品经济。

那么，谁必须独立？又从哪里独立？

所有单个的人，都从氏族血缘组织中独立出来。

为什么要独立出来？氏族内部不平等吗？平等。但这种平等是靠不住的，因为每个成员都不能脱离组织关系而单独存在。绝大多数原始民族或者有图腾，或者要文身，就是为了保证自己安全地生活在氏族的羽翼之下。

这其实是一种人身依附关系。因此，当氏族从部落变成国家，族民就会从“对组织的依附”变成“对个人的依附”。起先依附于酋长，然后依附于国君，君主制就这样产生。

显然，必须跟自己的所有靠山都一刀两断。

而且首当其冲的就是氏族组织。

这是需要“刀子”的。

刀子就是契机。没有契机的其他古老民族，都走向了君主制。只有希腊人，还有后来的罗马人，是个例外。

契机并不神圣，动机也不高尚，只不过许多希腊人除了海上贸易或掠夺，没有其他更合适的勾当和营生，何况几乎每个希腊人身上都有水手的素质。甚至直到19世纪，大家还能在他们的港口耳闻目睹这样的故事和对话——

甲：伙计，听到什么新闻了吗?

乙：提米德利回来了。

甲：赚了不少吧?

乙：两万三千多，数目不小哪!

甲：我也想走一趟，可就是没有船。

乙：你不是有木材吗？我有帆布，我哥有绳索。再说他出过海，可以当船长，祭司那里还有几桶酒。

甲：总得有个小厮吧?

乙：带上我的干儿子巴西尔就行。

甲：我的神，他才八岁。

乙：要说出海，这个年纪也不小了。

据说，这跟伯里克利的时代没什么两样。[7]

他们简直天生就是商人和航海家。

跟中国农民的进城赶集不同，希腊人的商业贸易是专业化和远距离的，也是跨民族、跨地域，甚至跨国界的。他们很可能会跑到北非，跑到西西里，跑到小亚细亚，面对素不相识的异族讨价还价，把大批的物资倒来倒去。

这就有了三个前提，三个要求：一，产权明晰；二，独立自主；三，使用货币。也就是说，他们必须是独立的民事责任人，有权自作主张买卖商品、处分财产、敲定价格。事实上，在没有电报、电话和伊妹儿的时代，要求漂洋过海的商人每笔买卖都向氏族部落请示汇报，简直搞笑！何况，他们还很可能在异邦娶妻生子安家落户，再也不回来。

那就只好分家。

分家也不是“包产到户”。户是没有的，分到财产的是独立的个人。这是历史上最彻底的私有制——财产归每个个人所有，而且神圣不可侵犯。

希腊人，经济独立了。

经济独立的结果，是人格的独立；人格独立的结果，则是意志的自由。事实上，一个人只要不必依靠别人的施舍和恩赐过日子，他就不必看别人的眼色，听别人的摆布。同样，如果他能自由地处分自己的财产，他也就能够自由地处分自己的一切，包括身体、思想、言论、政治立场和社会态度。比方说，爱上谁就跟谁做爱，支持谁就投谁一票，喜欢谁就做谁的忠实粉丝，反对谁就骂他个狗血喷头。

相反，如果“普天之下，莫非王土”，所有人都没有彻底的产权，没有完全属于自己的财产，必定“率土之滨，莫非王臣”，谁都不独立，谁都不自由。包括至高无上的天子，也得向皇天上帝俯首称臣，哪怕只是装模作样。

独立人格，自由意志，真是何其重要乃尔！

希腊文明的内核和精髓，也就在这里了。难怪马克思要把希腊的这段历史，称之为人类童年时代“发展得最完美的地方”；也难怪恩格斯在说到希腊人的革命时，使用了“炸毁”两个字。是的，由于航海、殖民和经商这三个炸药包，氏族血缘组织被炸得粉碎，人身依附关系被炸得粉碎，史前文化的所有优点和缺点也被炸得粉碎。希腊人，直接从族民变成了公民，并开始建立影响深远的另类文明。[8]

再见了爹妈，咱们从此平起平坐，咱们从此各自保重！

走向平等

现在，希腊变成了俄狄浦斯（Oedipus）。

俄狄浦斯是希腊神话中忒拜（Thebe，又译底比斯）国王之子，而这位国王是不想要儿子的。因为他曾经爱上了一位美少年，结果却导致后者的死亡。死者的父亲怒不可遏地对那罪魁祸首施加了诅咒：你将被自己的儿子杀死！

于是，俄狄浦斯刚一出生就被扔到了荒郊野外。

幸运的是，一对好心肠的牧羊人夫妇救了他，另一位国王则收养了他。不幸的是，当他到德尔斐（Delphi）神庙询问身世时，得到的神谕却是：你命中注定要杀父娶母。

勇敢的俄狄浦斯决定反抗命运。他毅然离开养父的王国前往忒拜，却在途中与忒拜国王狭路相逢。俄狄浦斯阴差阳错地杀了那人，当然他并不知道那就是自己的生父。

杀死了国王的俄狄浦斯却被忒拜人民奉为英雄，因为他破译了斯芬克斯之谜。狮身人面的斯芬克斯在埃及原本是法老权威的象征，跑到希腊却变成了女妖。她刁钻古怪地问忒拜人：什么动物，早上四条腿走路，中午两条腿走路，晚上三条腿走路？答不上来，我就吃了你。

结果，一个又一个忒拜人被她吞下。

俄狄浦斯却大声回答：你说的就是人！

确实是人。早中晚，即婴儿、成年和拄杖的晚年。

忒拜人民得救了。俄狄浦斯也继承了王位，并且娶前任王后也就是他的母亲为妻。诅咒和神谕都得到了实现，终于得知真相的俄狄浦斯则刺瞎了双眼，远走他乡。[9]

◎ 俄狄浦斯和忒拜的斯芬克斯

陶器，制作于公元前 470 年，梵蒂冈博物馆收藏。

这是一个希腊人津津乐道的故事，后来又被西方学者再三解读，话题则有恋母情结（Oedipus complex），命运是否可以抗拒，同性恋有没有罪，等等。因此，从社会和历史的角度也可以进行这样的理解和破译：杀死了父亲即炸毁了氏族血缘组织，人格独立意志自由的希腊人，又靠什么来组成社会结为群体，不至于因各行其是而天下大乱？

契约。

用契约管理社会，在希腊人那里丝毫都不奇怪。作为商业民族，他们早就意识到处理事务和关系，物比人好。这个物就是货币和契约。货币干净利索，契约人我两便。只要大家都信守合同，照价付款，就相安无事。而且，由于它对签约各方具有同样的约束力，因此是公正的，也是公平的。

第一种平等产生了——契约面前人人平等。

这样一种好东西，当然可以放之四海。比方说，用来制定研究问题讨论问题的方法和规则。这些方法和规则，比如逻辑，是人与自然的约法，也是人与人的约法。其中，不证自明的叫“公理”，推导的过程叫“推理”，推导出来的叫“定理”，最后的结论叫“真理”。某个结论是不是真理，不归张三说了算，也不归李四说了算，要看是否符合逻辑关系和事先约定，谁都没有特权可以蛮不讲理。

科学诞生了，真理面前人人平等。

契约既然可以用于自然，就更可以用于社会。社会的契约就是法律。只不过，它不像商业合同那样一对一地签，而是全体公民一起来。由于它是关于社会问题的，所以叫“社会契约”；由于它是全体公民签订的，所以叫“全民公约”。

所谓“全民公约”，其实就是每个人跟其他人都互为甲方和乙方，就像民主是“自己统治自己”。这样一种签约，当然更必须遵守，立法者和执法者也不能例外。作法自毙，不是立法者的悲哀，反倒是他的光荣和成功。

法治诞生了，法律面前人人平等。

但，这里面有问题。

契约面前人人平等，是没问题的。因为甲方和乙方人格平等，权利对等。谈不拢，可以不签；有情况，可以修改；执行不了，可以认赔毁约。总之，契约是可以商量的，而且只要甲乙双方商量就行。商量不通，还有仲裁机构。

法律也可以这样吗?

难。全体公民一起来立约，不可能条条款款都意见相同。如果左也谈不拢右也谈不拢，又怎么办？就不要法律了?

当然不行。

也只能先做两个约定。

第一，法律的制定，只能寻找“最大公约数”，也就是每个人都可以接受或不能容忍的。比方说，不能杀人，不能放火，不能抢劫，不能盗窃，不能强奸，不能私入民宅。这些大家都同意，那就写进法律，成为共识，也成为约定。

这就是“法治原则”。

第二，如果连最大公约数也找不到，那么对不起，投票表决，少数服从多数，以多数人的约定为约定。

这就是“民主原则”。

显然，法治跟民主一定是孪生的。法律能管的，也一定只能是底线。更高的要求，比如见义勇为、救死扶伤、相濡以沫、助人为乐等等，法律就管不着了，只能靠道德。

这就导致了西方人的又一次签约，只不过这回是跟上帝签的，合同的内容是——人类承诺，做好事不做坏事，做好人不做坏人。上帝承诺：好人上天堂，坏人下地狱。

宗教诞生了，上帝面前人人平等。

当然，这次签约希腊人并不在场，也不可能在场。因为他们的那一页，已被历史翻了过去。正如我们将在《两汉两罗马》一卷所说，完成新使命的，将是罗马人。

再见了，希腊！

奇怪！独立自由的希腊，科学民主的希腊，阳光灿烂青春年少魅力四射的希腊，怎么说没就没了呢？

衰落与复兴

希腊衰落，是因为他们丢掉了自己的精神。

什么是希腊精神？独立与自由，科学与民主。但，正如希腊的民主不彻底，他们的独立、自由、平等也不完全。奴隶是不自由的，妇女是不独立的，男人和女人也是不平等的。民主时代的雅典甚至有这样的法律：与他人之妻通奸者将付出生命代价，强奸则只需要罚款了事。因为强奸只不过损害了妇女的权益，通奸则不但挑衅了男人的尊严，还可能导致其财产落入他人之手。比方说，蒙在鼓里的丈夫稀里糊涂把一个“野种”当成了自己的儿子。[10]

请问，这又是什么混账逻辑？

坚持混账逻辑的结果，是走向自己的反面。希波战争之后，胜利了的雅典变得贪婪、自私、狂妄、不可一世和没有节制。也许，在雅典人看来，他们有资格这样。是的，波斯帝国的两次进攻都被打退了，许多岛屿纷纷参加了雅典为首的希腊同盟；而他们自己的城邦，则在伯里克利任首席将军的十五年间，风光无限达到鼎盛，号称“希腊人的学堂”。

于是雅典人认为，他们可以称霸。

结果却是同盟国的反抗，斯巴达的不满，以及长达二十七年之久的伯罗奔尼撒战争（ The Peloponnesian War），整个希腊变成群雄逐鹿的战场。为了战胜雅典，斯巴达甚至不惜与宿敌波斯相勾结。城邦的希腊名存实亡，终于变成马其顿帝国（Macedonian Empire）征服和吞并的对象。[11]

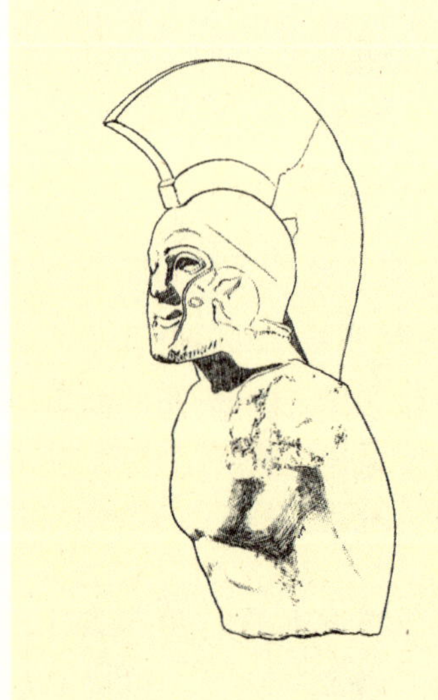

◎ 斯巴达重步兵雕像

斯巴达重步兵是伯罗奔尼撒战争中斯巴达军团的重要组成部分。该雕像的年代为公元前 5 世纪，现藏于希腊斯巴达考古博物馆。

显然，希腊的衰落和灭亡，是从雅典谋求海上霸权之时开始的。在这天，他们恃强凌弱，自己背叛了自己。

希腊精神被希腊人弄没了，留下的只有精神遗产。

但，这又是多么宝贵的遗产啊！在古罗马的立法和司法，在英国的自由大宪章和国会，在意大利的文艺复兴，在尼德兰的第一个资产阶级共和国（荷兰共和国），在法国的《人权宣言》，我们都能看到它的闪光。

还必须说说城市自治（city autonomy）。

城市自治是欧洲中世纪封建时代的事情。当时，大批有着专业技术的手工业农奴逃离封建领主的庄园，聚集在要道和港口等商品集散地，形成新的商业城市。市民们在城市中结成公社（commune），一方面“凑份子”向急需用钱的领主购买自由，另方面与希望打压封建割据的国王结盟。左右逢源长袖善舞的结果，是自治城市（city status）诞生。

自治是充分的。只要有国王或领主的特许状，市民就可以联合成社团，有权用社团的印章签订协议，并拥有自己的市政厅、法院和市外属地，自己管理自己的城市。公元1227年英国国王亨利三世（Henry Ⅲ）颁发的一份特许状甚至明文规定，农奴只要在城里住够一年零一天便不再是奴隶，“城市的空气使人自由”的民谚也由此产生。[12]

很显然，城市自治，就是市民的“联合赎身”。

这可是我们中国人闻所未闻的事情，然而意义极其重大。它不但意味着市民已经成为一个阶级（市民阶级），而且意味着他们有了政治的诉求和执政的能力。市民阶级是资产阶级的前身，城市自治则是资本主义的前兆。当这样一种自由的力量足够强大时，欧洲的封建社会也就寿终正寝。

但，城市能够自治，又有两个原因。首先在古希腊，独立自主的城邦原本就是自治的，甚至可以有不同的政体。这个传统虽然断断续续，却一直延续了下来。其次则是从古罗马一直到后来，无论西方世界的国家体制和国家形式如何变化，契约和法治的精神都贯穿始终。就连欧洲各封建君主跟封臣的关系，也由契约来规定。有这两个前提，一种新型的国家和全新的建国方式，就迟早会诞生出来。

她的名字，就叫美利坚合众国。

费城对接雅典

1620年，也就是明朝万历皇帝驾崩那年，有一艘名叫“五月花号”（May Flower）的轮船从普利茅斯（Plymouth）出发驶向北美，目的地是弗吉尼亚（Virginia）。因为根据英国国王詹姆斯一世（James Ⅰ）颁发的特许状，弗吉尼亚公司可以在那里建立殖民地，船上的人也跟公司签订了合约。

可惜经过66天的漂泊，“五月花号”已无法继续航行，只能就近登陆，船上的人也只好在马萨诸塞（Massachusetts）安家落户。此后的故事不堪回首：上岸时他们有102人，仅仅一个冬天的寒风就带走了58条生命。但在第二年春，当“五月花号”再次来到这里时，船长却惊诧地发现，那些正在垂死挣扎的人居然没有一个肯跟他回到“文明”的英国。

原因很简单：在这里能独立，在这里有自由。[13]

◎ 北美早期 13 个殖民地

加
拿
大
马
萨
诸
新罕布什尔
纽
约
塞
哈得孙河
罗德岛
康涅狄格
特拉华河
宾夕法尼亚
新泽西
美
国
俄亥俄河
马里兰
特拉华
托波马克河
弗吉尼亚
大
西
洋
北卡罗莱纳
田纳西河
南卡罗莱纳
萨凡纳河
佐治亚
自治殖民地
业主殖民地
英王直辖殖民地

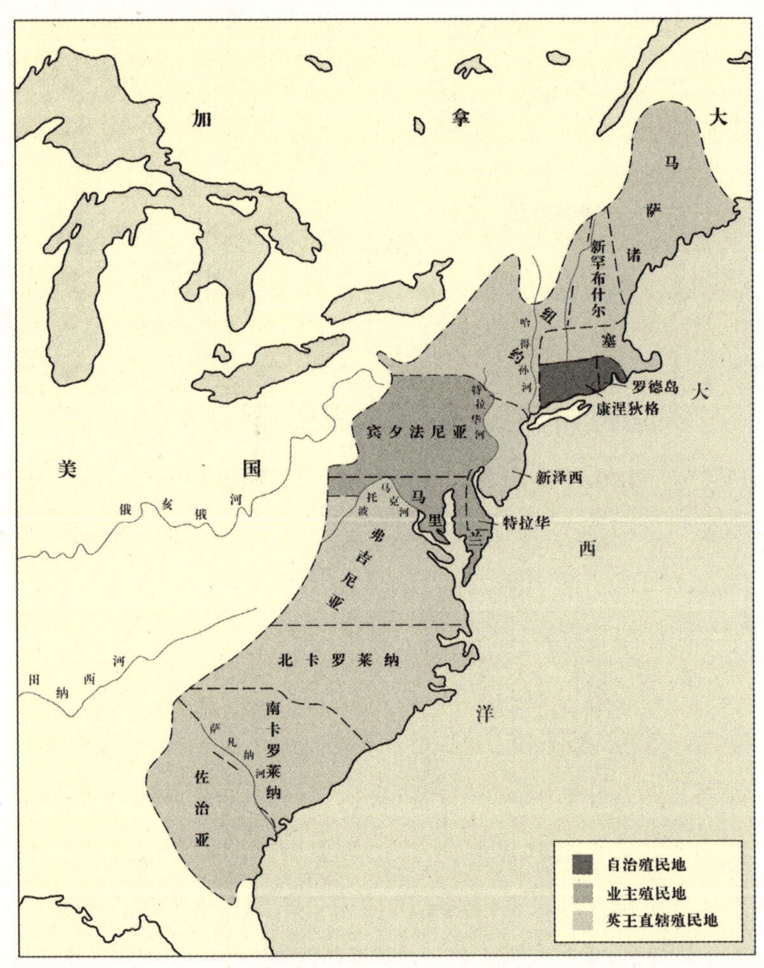

这可真是“不自由，毋宁死”。

难怪这些苦难而勇敢的人们，会被美国人视为自己的精神先驱。尽管他们不是最早的北美移民，但正是他们，制定出第一份体现了“主权在民”思想的文件，这就是《五月花号公约》。这份文件是乘客中的成年人在船上签署的，却为美利坚人（Americans）按照契约精神建国奠定了基础。

事实上，马萨诸塞一直是独立运动的策源地，自由精神的践行者。最能说明问题的是：1773年，为了挽救濒临破产的东印度公司，英国政府命令将茶叶直接销往北美，不收关税也不通过中间商，预期售价比走私的还便宜一半。

然而北美人民却认为，自由比便宜茶叶更重要，纷纷表示绝不允许东印度公司的茶船靠岸卸货。马萨诸塞人甚至在1773年12月16日夜里，登上强行进入波士顿（Boston）港的英国船只，把成吨的茶叶扔入了海中。

倾茶事件让英国政府暴跳如雷。他们悍然下令封锁了波士顿港，取消了马萨诸塞的自治权，并且调兵遣将前往波士顿进行镇压。然而尽管如此，却没有一个失业的工人应聘去修英国兵营，没有一个贫穷的农民卖粮食给英国军队，因为他们宁肯一无所有，也绝不出让自由。

没错，若为自由故，一切皆可抛。

后来的独立战争首先在马萨诸塞打响，并不奇怪。

◎ 倾茶事件纪念邮票

波士顿倾茶事件200周年纪念邮票，由美国邮政署于1973年发行，一套四张。

这种精神是马萨诸塞人的，也是所有美利坚人的。跟希腊人一样，美利坚人的建国史也与航海、殖民和经商密不可分，她的前身则是13个英属殖民地。其中第一类是英国国王册封的，叫领主殖民地，如马里兰（Maryland）。第二类是国王颁发特许状，由商业公司建的，叫公司殖民地，如弗吉尼亚。第三类是自由移民根据自己的契约建起来的，叫自治殖民地，也叫契约殖民地，如罗德岛（Rhode Island）和康涅狄格（Connecticut）。但无论哪种，都各自为政。英国国王虽号称享有主权，其实“主权王有，治权民有”。13个殖民地之间既没有隶属关系，也没有统一体制，甚至老死不相往来。

唯一的相同是核心价值——独立、自由、平等。

由是之故，他们才会打破惯例坐到一起，两次在宾夕法尼亚（Pennsylvania）的费城（Philadelphia）召开大陆会议（Continental Congress），起草《独立宣言》，决定进行独立战争。他们当然也会在胜利后就一哄而散，拖了好几年才召开制宪会议。因为联合是为了独立，作战是为了自由，怎么可能在赶走英国国王以后，又造出一个美国国王？

美国，是希腊城邦的“转世灵童”。

因此，尽管他们后来还是制定了联邦宪法，建立了联邦政府，但他们的建国日却定在了通过《独立宣言》的1776年7月4日。显然，在美利坚人看来，国家精神远比国家形式重要。或者说，最重要的是国家精神，其次是宪法，然后才轮到国会、行政机关、最高法院和总统。

这就是“美国精神”，同时也是“希腊精神”。独立、自由、平等，科学、民主、法治，一以贯之，薪尽火传。

路漫漫其修远兮，从雅典到费城。

让我们重温一遍那不朽的宣言吧——

我们认为以下真理是不言而喻的：人人生而平等，造物主赋予每个人一些不可剥夺的权利，其中包括生命权、自由权和追求幸福的权利。正是为了保障这些权利，人类才在自己中间建立起政府……

为什么要有国家？现在可以搞明白了。

文明的秘密，也应该昭然若揭。

第四章

谢绝宗教

阿育王统治下的印度，空前强盛。
他笃信佛教，大力弘法。
佛教与婆罗门教唱起了对台戏。
自由平等的旗帜，终于被高高举起。

我们不是幸存者

当西方文明的“五月花号”从雅典启航，途经罗马、君士坦丁堡、伦敦和阿姆斯特丹，终于抵达费城时，世界上那些最古老的文明都怎么样了？

大多都不辞而别，比如奥尔梅克（Olmec）。

跟埃及和美索不达米亚一样，中美洲的奥尔梅克也属于第一代文明，创造者则是种植玉米，吃南瓜、辣椒和西红柿的农业民族。他们崇拜美洲虎或者美洲豹，城市里有金字塔形状的神庙，但最具标志性的还是巨石头像。

这是一个至今无人破译的谜团。的确，这些石像是那样地怪异，无一例外地都只有头颅没有身躯，却个性张扬形象逼真。同时，它们又是那样地巨大，全部都由整块的玄武岩雕刻而成，最高的一尊竟重达三四十吨。

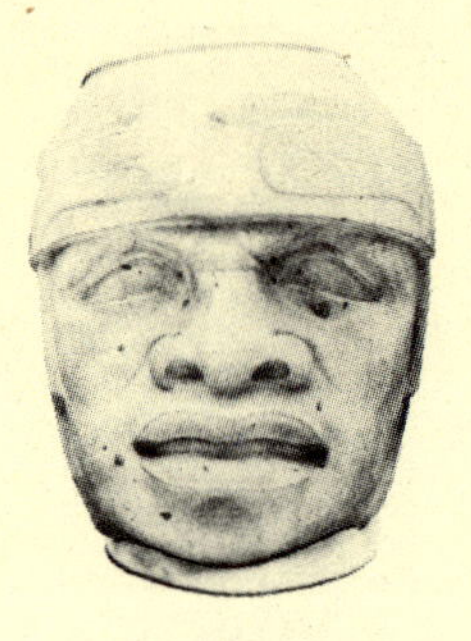

圣洛伦佐第八号大头像，高 2.2 米。

圣洛伦佐第六号大头像，高 1.67 米。

如此之重的石像，如何运到不产玄武岩的奥尔梅克祭祀中心呢？不清楚。我们只知道，这些石像最后被掩埋，不受打扰地静静躺在一个隆起的山丘下，上面长满灌木丛。直到火山运动把其中几个震落到草地上，它们才重见天日，并迎来另外一些人类敬畏、惊诧和疑惑的目光。

此刻，奥尔梅克文明早已陨落，连同它的创造者都莫名其妙地消失在热带丛林，不知去向。[1]

◎太阳金字塔

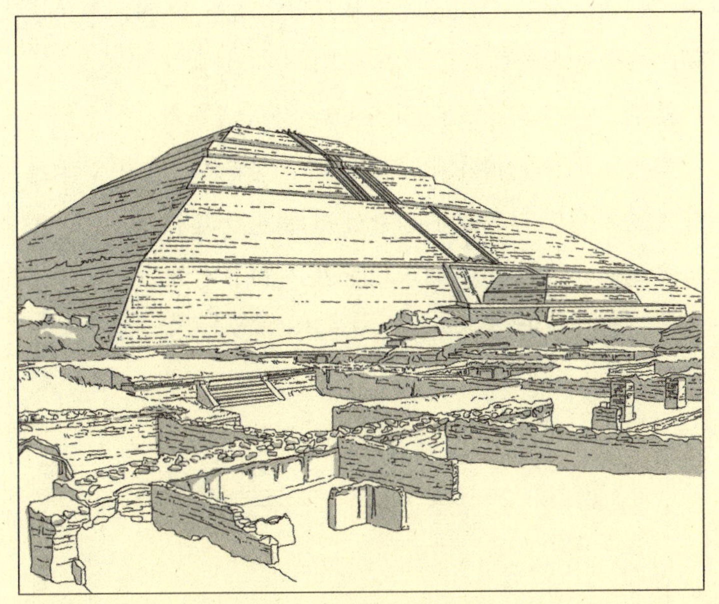

这座金字塔是墨西哥特奥蒂瓦坎遗迹中最大的建筑，特奥蒂瓦坎人有高超的建筑技术。

其他兄弟姐妹呢?

有的也不见了，比如哈拉巴（Harappa）。

哈拉巴诞生在今天巴基斯坦境内印度河流域，因此也叫印度河文明，但与印度文明不是一回事，标志则是摩亨佐达罗（Mohenjo-daro）和哈拉巴这两座城市。它们分别在印度河的上下游，相距644公里，哈拉巴文明便由此得名。

两座城市几乎是孪生的，面积和人口大致相同，也都有卫城和谷仓，就连卫城的朝向和用砖都是一样的，不免让人猜测这两个独立的城邦很可能出自同一设计师的手笔。

没错，它们的卫城都面向西方。

与奥尔梅克的神秘和神奇不同，世俗的哈拉巴文明是平易近人的。他们的与众不同之处竟然是发明了古代社会的生活奢侈品，这就是包括抽水马桶在内的卫生间。于是，哈拉巴人可以很方便地每天洗澡，而不用担心污水的处理。

◎哈拉巴人沐浴图

据美国时代生活图书公司《全球通史》第2册。

这其实是程度很高的文明。因为不但浴室的设计需要聪明才智，为城市建立排污系统更不是简单的事情。所有这些都证明哈拉巴文明有一个或一群智慧的领导者，可惜我们却对此一无所知。事实上两座城市都没有宫殿和神庙，那么是谁在高效率和有条不紊地管理着它们呢？不知。[2]

但我们知道，这大不同于克里特（Crete）。

克里特文明是被历史学家以公元前1700年为界，分为早王宫和后王宫两个时代的，可见其显著特征是宫殿。其中最负盛名的米诺斯（Minoans）迷宫已经被考古学家完整地发掘出来，确实规模宏伟结构复杂，只不过里面没有怪兽。

怪兽是米诺斯王后与一头漂亮公牛的私生子，因此半人半牛。他或它就住在迷宫里，战败的雅典则被米诺斯国王勒令每年或每隔九年送来一船或七对少男少女，供那家伙消遣或者食用。这种残忍而悲惨的游戏持续了很久，直到寄养在外公家的雅典王子忒修斯（Theseus）横空出世。

忒修斯宣布，他愿意去做牺牲品。

毫无疑问，忒修斯是要为民除害。幸运的是，这位少年英雄刚一出现在克里特岛众人面前，米诺斯公主就不可救药地爱上了他。公主给了他线团和一柄魔剑，忒修斯则用魔剑杀了怪兽，然后沿着一头拴在门口边走边放的线，按照公主从设计师那里获得的办法走出了迷宫。

可惜乐极生悲。忒修斯返回雅典时，忘了依照事先的约定将船上的黑帆换成白帆。误以为儿子已死的雅典国王悲痛欲绝跳海自尽，那片体现了父爱的海域则被以他的名字埃勾斯（Aegeus）命名为爱琴海（Aegean Sea）。[3]

这当然是神话传说，却也一语成谶，只不过挂上黑帆的是克里特文明。它被后来的征服者迈锡尼人（Mycenaeans）打扫得一干二净荡然无存，就像哈拉巴文明人间蒸发，两河文明掩埋在黄沙和土丘之中，全都了无陈迹。

至于今天的埃及，沃土还是那片沃土，河流也还是那条河流，但民族已不是那个民族，文明也不再是那个文明。作为运气最好的一家，古埃及也只留下了西风残照，以及并非汉家的陵阙——金字塔，还有躺在里面的木乃伊。

文明的陨落，几乎是普遍性和规律性的。

唯一的例外在我们这里。的确，创造中华文明的始终是同一个民族，只不过一直在发展壮大，不断有新鲜血液增加进来。同样，我们创造的也只有一个文明，从夏商周一直延续到近现代，三千七百年不曾中断，没有断层和空白，也没有陨落和衰亡，西方人总结的规律未必符合中国国情。[4]

但，以其他文明为参照系，则是可行的，也是必要的。

比如印度。

翻过喜马拉雅

公元1025年，也就是中国北宋的仁宗年间，有个名叫马穆德（Mahmud）的阿富汗突厥人，攻陷了印度西海岸的苏姆拉特（Somnath）城。马穆德对此地觊觎已久。在过去那些年份里，他每年冬天都要离开寒冷的加兹尼（Ghazni），率军到旁遮普平原（Punjab Plain）展示威武雄壮。他把这看作自己的神圣使命，所到之处是什么样子也就不难想象。

印度人却毫无戒心。

淡定和泰然是有道理的，因为苏姆拉特有印度最崇高的圣殿和神庙，里面供奉着湿婆（Shiva）。湿婆与梵天（Brahma）和毗湿奴（Vishnu）同为印度教的三大主神，其中梵天是创造神，毗湿奴是保护神，湿婆是破坏神。但湿婆只是在世界行将就木时才实施毁灭，而且毁灭之后将再造新生。

在大多数描绘中，湿婆有四只手，其中三只分别握着敲响生命节奏的鼓，举着能够毁灭和再生的火，拿着保证胜利的棕榈叶，另一只手则呈现出漫不经心的雄辩姿势。那高高抛起的头发表明他在以惊人的速度飞快旋转，脸上却依然是平静的微笑，表示世界在痛苦与欢乐中无限循环。

体现了再生力量的是名叫林伽（Lingam）的圣物。它是镶嵌着珠宝的直立柱子，象征着湿婆的生殖器。每天，人们都要从很远的地方打水来清洗它，还有三百多名舞女在它面前不停地表演，从而确保信徒的虔诚和神的永恒。

这样的圣城，怎么会被攻陷呢？

◎湿婆

印度朱罗王朝时期雕像，美国洛杉矶艺术博物馆藏。

因此，当马穆德到来时，那些印度教徒只是安静地冷眼旁观，并等待神的赐福。结果可想而知，马穆德以胜利者的姿态傲然站立在破碎的神像前，神庙里一片狼藉。[5]

当然，马穆德的政权还是被另一帮突厥人推翻了，后者的领袖则在德里（Delhi）自称苏丹（Sultan），即伊斯兰世界世俗的君主。这个政权史称德里苏丹国家，北部印度也变成了突厥人的天下。只不过这时的中国已是南宋，德里苏丹的建国时间则在蒙古草原的铁木真自称成吉思汗那年。

但，这种事情在印度却不是第一次，当然也不会是最后一次。最后一次成为这片土地君主的外国人，是英国的维多利亚女王（Alexandrina Victoria），之前统治时间较长的除突厥的德里苏丹，还有建立莫卧儿帝国（Mughal Empire）的蒙古人。至于入侵者，则可以开出一个长长的名单：

公元前518年，波斯人；

公元前325年，马其顿人；

公元前304年，条支（伊拉克）人；

公元前180年，大夏（塞种或斯基泰人）；

公元1世纪中，大月氏人；

公元5世纪中，白匈奴人；

公元712年，阿拉伯人。

此后，是突厥、蒙古、荷兰、法国和英国人。

这可真是引无数英雄竞折腰。

的确，在外人眼里，那片土地确实神奇，居然有长羊毛的灌木和产蜂蜜的芦苇。看来，仅仅棉花和甘蔗便足以让西方蛮族大惊小怪，真不知道他们看见骑在大象上的印度王公是何感觉。难怪就连唐太宗都表现出浓厚的兴趣，尽管他只能从玄奘法师那里得到一些需要靠想象来补充的印象。

但，比较一下两大文明，却或许是有意思的。

表面上看，印度与中国不乏相似之处，比如都是“美索不达米亚”即“两河之间”，只不过我们是黄河与长江，他们是印度河与恒河。然而喜马拉雅一山之隔，中华与印度又呈现出诸多不同，甚至天差地别，不可同日而语。

最直观的区别在于对待历史的态度。近现代以前，印度甚至没有一部像样的通史、编年史或者断代史，以至于历史学家想要弄清楚其来龙去脉，除了借助中国、西方和阿拉伯人的只言片语，便只能指望出土文物。

印度人自己却满不在乎。他们似乎并不介意，从甘婆王朝（Kanva Dynasty）到笈多王朝（Gupta Dynasty）那一片空白的三百多年间究竟发生了什么事情。他们也不介意，如果历史出现了断层，将怎样体现它的连续性。[6]

这未免怪异。要知道，印度人对于时间的理解，可是连刹那（0.018秒）和瞬间（0.36秒）都有区别的，却不在乎几百年记录的空白或模糊。难道千年不过弹指，瞬间和刹那反倒永恒？或者过去并不重要，当下才是历史？

也许吧，也许。

实际上，印度文明本身就是难解之谜。它的时间线索断断续续，空间范围变动不居，中心漂移而结构复杂，宽厚兼容又固步自封。印度几乎从未侵略过别人，自己的历史却往往被外族改写。同样，在英国人之前，也从来没有一种政治力量能够将众多的族群和林立的土邦真正整合在一起。他们是各自为政和自行其是的，却又同属于一种文明。

这真是咄咄怪事。

那么，在印度半岛，永恒不变的是什么呢？

有一件事情或许能够说明问题。

公元1000年，一座巨大的神庙在朱罗（Chola）王国的首都坦贾武尔（Thanjavur）竣工。这座花岗岩砌成的圣殿是那样宏伟壮观，仅顶部的圆形拱顶就重达80吨，上面还有金色的标志性装饰物。这是罗阇罗阇（Rajaraja，阇读如都）国王慷慨解囊和其他豪门奉献的结果，他们当然也不会忘记在底座刻上花体字的碑文，并在神龛前竖起林伽。[7]

这时，只比马穆德攻陷苏姆拉特早25年。

苏姆拉特与坦贾武尔却是天南地北。后者在印度半岛东南部，与斯里兰卡（Sri Lanka，旧称锡兰）隔海相望，前者却因为在西北而受到来自阿富汗的打击。然而他们都有美轮美奂的神庙，而且供奉的也都是湿婆。

支持着印度文明的是什么，现在清楚了吧？

没错，那就是宗教。

宗教之邦

宗教是印度人的生命线。

似乎没有哪个民族像印度人这样痴迷于宗教。他们可以没有国家，也可以没有民族，甚至可以改变信仰，哪怕那信仰是外来的，但什么宗教都没有却绝对不行。因此，他们不仅宗教品种繁多，信徒到处都是，还为人类贡献了一个世界性的宗教——佛教，尽管它在本土反倒走向了衰落。

这又是为什么呢？

原因，可能是地理、历史和文化多方面的。

的确，有着喜马拉雅这座庄严肃穆之圣山，恒河这条奔流不息之圣河的印度，似乎命中注定要成为宗教大国。因为那里有太多的神秘和不可思议，太多西方闻所未闻，中国绝不会有，其他民族也无法想象的东西。

比如种姓制度（caste system）。

种姓制度是印度的土特产，简单地说就是把人分为有着高低贵贱的等级。等级起先有四个，依次是：

婆罗门（Brahmin），祭司和僧侣；

刹帝利（Kshatriya），国王和武士；

吠舍（Vaishya），平民，包括商人；

首陀罗（Sudra），奴隶和被征服者。

后来，又出现了第五种姓（Panchamas），被称为旃荼罗或不可接触者（Untouchables），意思是贱民。

种姓是与生俱来和世袭不变的，不同的种姓之间则壁垒森严，禁止通婚。制度最严的时候，一个“贱民”如果不小心被高级种姓的人看见，就得躲起来自杀谢罪。[8]

这是典型的不平等制度。

其实，这种制度也让所有人都活得担惊受怕。最低级的贱民固然时时都有性命之忧，高贵者也得小心翼翼，比如在晾晒被单和衣服时，必须确保不会有卑贱者偶然路过，因为那很有可能会使自己的贴身之物被后者的影子玷污。

于是就有了不同的声音。

为种姓制度提供思想武器、理论依据和精神支持的是婆罗门教（Brahmanism）。他们以创造之神梵天为最高信仰，古代文献吠陀（Veda）为宗教经典，奉行吠陀天启、祭祀万能和婆罗门至上三大纲领。按照他们的说法，四大种姓是梵天用自己身体的不同部位创造出来的：嘴创造婆罗门，手创造刹帝利，腿创造吠舍，脚创造首陀罗，当然贵贱有别。[9]

这并不奇怪，毕竟，婆罗门是雅利安人的宗教，而雅利安人是次大陆的入侵者和新文明的创造者。哈拉巴文明湮灭之后，让印度半岛文明之花梅开二度的便主要是他们。与被征服的土著相比，雅利安人的肤色要浅得多，他们也当然要提出种姓的概念。要知道，种姓一词源于梵语瓦尔那，而瓦尔那（ varna ）的意思是颜色，同时也意味着品质。[10]

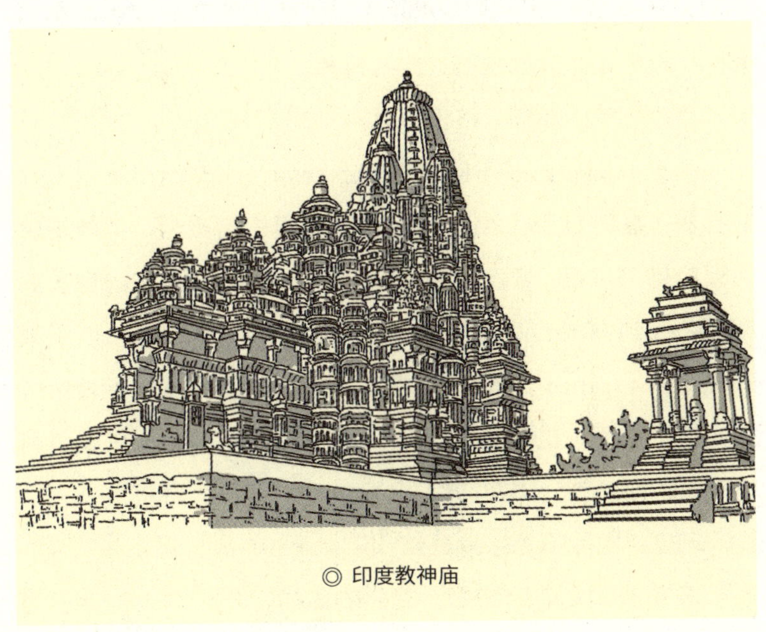

◎ 印度教神庙

然而随着时间的推移，被征服者当中也有了婆罗门和刹帝利，白皮肤的征服者反倒有些人社会地位降低。重新洗牌不可避免，要求平等也呼声甚高，需要的只是说法。[11]

佛教和耆那教（Jainism）应运而生。

两种新宗教对所有人都是敞开大门的，诞生于16世纪的锡克教（Sikhism）也如此。事实上，佛的本义是觉悟者，耆那的本义是胜利者，锡克的本义是学习者，所以，他们也都是种姓制度和婆罗门教的反对者。是啊，每个人的血都是红色的，为什么要分等级？值得在乎的只是你的觉悟、学习和胜利，而不是出身。这样的说法，显然比繁琐的仪式和刻板的教义更能让人欣然接受，广为传播。

自由平等的旗帜，终于被高高举起。

国王们则做出了不同的选择。例如，比秦始皇略早一些的孔雀王朝阿育王（Asoka）就是佛教的信奉者。他放下屠刀皈依佛门以后，派到邻国的就不再是军队而是弘扬佛法的高僧。但到中国的西晋变成东晋那会，改革后的新婆罗门教即印度教（Hinduism），却在笈多王朝的大力支持下勃然复兴。至于突厥人的德里苏丹国家、蒙古人的莫卧儿王朝，当然都以伊斯兰教为国教。

印度，岂能不是宗教之邦？

事实上，文明的嬗变，文化的传播，政权的更迭，王朝的兴衰，在印度都与宗教息息相关，也与王朝的宗教政策关系密切。笈多王朝对所有的宗教都很宽容，便让印度文化在其治下达到鼎盛；莫卧儿王朝的阿克巴（Akbar）大帝娶印度教首领的女儿为妻，结果是政权稳固天下归心。

显然，阿克巴这个突厥化蒙古人的波斯混血儿是非常聪明的，尽管他不认识字，只是一介武夫。阿克巴甚至有这样一句名言：一切宗教都有光，有光就或多或少会有阴影。只不过，他不知道这光来自哪里，那影子又有多长。[12]

也许，这得去问犹太人。

没有国界的国家

迦勒底(Chaldea)王国的首都新巴比伦(Neo-Babylonian)美轮美奂。这座建造在巴格达(Baghdad)以南数十公里的城市有三道城墙，每道城墙每隔44米就有一座塔楼。墙上的大道可容四匹马并行，城外则是又深又宽的护城河。城中金碧辉煌的王宫内，还有一座高达25米的空中花园。那是国王尼布甲尼撒二世(Nebuchadnezzar II)为他那娶自米底的美丽王后修建的，后来被希腊人称为世界七大奇观之一。[13]

但在犹太人看来，这里不是花园，而是监狱。

建都耶路撒冷(Jerusalem)的犹太王国，是由于在大国争霸时倒向埃及，而被尼布甲尼撒列入黑名单的。中国春秋时期的公元前586年，也就是释迦牟尼出生前二十年，尼布甲尼撒第二次攻进耶路撒冷，把这个弱小的国家从地图上彻底抹去。他当着犹太国王的面杀死了犹太王子，将耶路撒冷夷为平地，然后挖去了那亡国之君的双眼。国王被戴上手铐脚镣掳往巴比伦，同行的贵族、祭司和工匠多达上万，这就是历史上有名的巴比伦之囚（Babylonian Captivity）。[14]

此一去差不多半个世纪，直到公元前539年，他们才被灭亡了迦勒底王国的波斯皇帝居鲁士释放回国，以“自治神庙城市”的形式在耶路撒冷重建家园。[15]

◎巴比伦之囚

据 John Clark Ridpath《世界史》。

可惜，犹太人的命运实在是太悲惨了。此后，他们的国家又多次被征服，人民也多次被流放，最后在中国的东汉时期被罗马人赶尽杀绝，从此成为一个没有祖国、迁徙散居于世界各地的流亡民族。可以说，几乎没有谁像他们那样灾难深重又坚忍不拔。也许，只有耶路撒冷第二圣殿遗址上那座哭墙（Wailing Wall），才知道他们流过多少泪水。[16]

但，一个文明史上的奇迹也被创造出来。

事实上，几千年来被征服的小国不可胜数。而且，只要国破家亡人员流散，就再不可能作为一个民族而存在。唯独犹太人，失去祖国一千八百年，流散世界十万八千里，而民族犹存。甚至可以说，他们即便再流亡一千八百年，也依然会作为一个伟大的民族而自立于世界之林。

那么，这又是为什么呢？

因为宗教。

这是不争的事实。正如我们将在《两汉两罗马》一卷中要讲到的，犹太人是历史上最早建立信仰的族群。这种信仰的真正确立，则正好就在他们集体受难之时。《旧约》的前五篇《摩西五书》，便是在巴比伦之囚那会儿，由犹太的先知整理编写出来的。实际上，这个时候他们太需要救世主，也太需要认同感了。唯其如此，才会写出这样的诗句：

我们在巴比伦河边坐下，一追想锡安就哭了。[17]

啊，耶路撒冷城南的锡安（Zion）山呀！

这当然远远不够，尽管可能意味着复国。[18]

于是，苦难的犹太囚徒被告知，只有他们的战神雅赫维（Jahweh或 Yahveh）才是唯一的神。可惜，此前的犹太人却忘记了这一点，反倒崇拜多神和偶像。显然，受难是因为背叛，新生则要靠虔诚，最早的一神教就此诞生。[19]

没错，这就是犹太教（Judaism）。

从此，失去祖国背井离乡的犹太人有了主心骨，有了凝聚力，有了核心价值，也有了认同感。事实上，只要坚信唯一的神和先知的教诲，恪守教规，严守禁忌，那么，无论他身处何地，也无论贵贱贫富、肤色黑白，他就是犹太人。[20]

国籍，反倒是无所谓的。

实际上，犹太人比许多有祖国的民族更团结，甚至更有文化优越感。因为按照他们的教义，只有犹太人才是上帝的特选子民。这种观念和感觉使他们保持了民族特质，并能够不间断地为人类文明做出贡献，输送人才，尽管犹太教也因此而无法像佛教、基督教和伊斯兰教那样具有世界性。[21]

呵呵，此时无国胜有国。

其实，宗教之于人，意义和作用与城市和国家不乏相似之处。比如一个人说“我是佛教徒”时，就跟他说“我是曼谷人”或者“我是泰国人”没什么两样，效果都无非是身份的辨识或认同。你是北京人，我是上海人，是辨识；你是穆斯林，我也是穆斯林，则是认同。宗教甚至也像城市和国家一样能够提供安全感和自由感：来自神的保佑和庇护体现了前者，发自内心的真正信仰体现了后者。

宗教，是没有国界的国家。

然而佛教传入中国之前，我们民族是没有宗教的，之后也不纯粹和虔诚。孔子的说法是“祭神如神在”，民间的观念是“不灵则不信”。说到底，是似信非信，若有若无。

那么，这又是为什么呢？

也许，还得先弄清楚宗教从哪里来。

巫术之子

后羿射日之前，女丑死了。

女丑不知是晒死的，还是烧死的。可以推测的是，她死前扮演了旱魃（读如拔）。旱魃就是旱魔。古人认为，旱灾是旱魃作祟的结果，对策则是让人装扮成旱魃，然后站在太阳底下暴晒。旱魃受不了，就会逃走，灾难也就解除。

当然，烧死这人，效果也一样。[22]

无疑，这是一种巫术（Witchcraft）。

巫术是人类最早的文化模式之一。在时间表上，只有工具的制造和使用排在它的前面。实际上它就是一种工具或者技术，目的则是为了解决现实问题，只不过巫术的思维方式比较特别。比方说，它认为一个事物的样子，跟这个事物是同一的。因此，扮演旱魃的女丑死了，旱魃也就会死。

同样，天不下雨，就往天上泼水；人不生娃，就搞生殖崇拜；病治不好，就请道士画符。这些都是巫术，是几乎所有民族在原始时代都会有的救命稻草。它甚至需要依靠专业技术人员，即巫师和巫婆，女丑则是其中之一。

难怪女丑非死不可。

遗憾的是，女丑虽然死了，旱情却依然如故，天帝或尧也只好让后羿出手射下那九个多余的太阳。这真是让人情何以堪。难怪就连古代神话也吞吞吐吐语焉不详，也难怪许多人要批评巫术，或者把巫术称为“伪科学”。

但这是不对的。要知道，即便是科学也要试错，巫术则是人类的“集体试错”。没有巫术的千万次试错，我们就学不会天气预报，也学不会人工降雨，甚至连想都不会去想。

◎十日炙杀女丑

据袁珂《中国古代神话》。

正是巫术，把人类领进科学之门。

实际上，科学与巫术一脉相承。它们都认为，世界是有规律的，规律是可掌握的。人类一旦掌握规律，就可以控制事态，改变现实。只不过，科学掌握的规律是现实的，巫术却很可能误入歧途，因为巫术的主张多半想当然。

所以，科学必然诞生。

巫术也不是“伪科学”，而是“前科学”。

没错，科学前的科学。

科学，是巫术的长子。

然而人类却不能过河拆桥，有了儿子就忘了老子。要知道，相对于科学已经掌握的部分，未知领域是一个更为广阔的世界。因此，我们不能失去好奇心和敏锐度，甚至不能不想入非非。好奇害死猫，不好奇却可能害死人。

巫术，恰恰代表着人类那根敏感的神经。

也许，巫术探索世界的方法是错误的，也许而已。但科学的方法即便是正确的，也未必就是唯一的。至少，在科学诞生之前，巫术深刻地安慰了人类对不可知的恐惧，抚平了人类遭受飞来横祸和无妄之灾的创伤，使人类对未来的仰望变得温柔和向往，正如我们在女娲那里看到的。

巫术，是原始人类的心理医生。

因此，它还会有两个儿子：宗教和哲学。

人类需要这两种精神文明，是因为科学并不万能。比方说，什么是幸福？什么是自由？什么是尊严？什么是人生的价值和意义？这都是人类不能不思考的问题，科学却回答不了也不该由它回答，只能拜托宗教和哲学。

宗教和哲学延续着巫术对未知世界的触摸，只不过方式不同。哲学是对超现实超经验之抽象问题的思考，宗教则是对超自然超世俗之神秘存在的相信。所以宗教靠信仰，哲学靠思辨，科学靠实验，工具靠使用，巫术则靠操作，同时也需要幻想和直觉。巫术，就是直觉、幻想，再加操作。

所以，巫术还有一个女儿，这就是艺术。艺术与巫术的血缘关系，在美学界早已不是秘密。简单地说，就是当某种形式或仪式的目的，由解决问题变成了传达情感，它也就由巫术变成了艺术。换句话说，人类文化发生的次序，就是从工具到巫术，再到科学、宗教、哲学、艺术。

巫术，是人类文明的“胎盘”。[23]

所有的胎盘都会功成身退，巫术也一样。

功成身退的巫术除了变成艺术，还有三条出路：变成科学，希腊是这样；变成宗教，印度是这样；变成哲学，希腊、印度、中国，都是这样。只不过，希腊是从科学到哲学，印度是从宗教到哲学，中国则有另一条路要走。

那就先看看希腊。

天上人间

阿多尼斯（Adonis）刚刚出世，爱神就一见倾心。

这里说的爱神当然就是阿芙洛狄忒（Aphrodite），也就是罗马神话中的维纳斯（Venus）。没错，她还是美神。不难想象，能让爱和美之女神动心的，又该是怎样的男子！

那一定是人见人爱。

所以，当阿芙洛狄忒将这坨小鲜肉托付给冥后珀耳塞福涅（Persephone）抚养时，后者也不可救药地爱上了他。两位女神互不相让，只好由众神之王来做包公。宙斯（Zeus）的判决则是：阿多尼斯秋冬归冥后，春夏归爱神。

哈哈，好一个平分秋色！

于是，每年那两个温暖的季节，阿芙洛狄忒都要放下神界的事务，万千宠爱地来陪伴那花样少年。可惜这男孩实在太贪玩了，竟然不打招呼一个人跑出去狩猎，结果死在野猪的牙齿下。等到爱神闻讯赶来时，已是回天无力。

阿芙洛狄忒也只能这样歌唱：

我的爱，就像梦，
顷刻间无影无踪。
你是人，我是神，
今生再也不能同行，
唯有长吻，在你嘴唇。

哭完，爱神俯下身子，在那美少年的唇间吻了又吻。

鲜血从阿多尼斯的伤口慢慢流淌出来，每一滴血渗过的土地上都开出了鲜红的花。此后，每当这鲜花盛开时，希腊的姑娘们都会举行哀悼的仪式，并为之癫狂。[24]

这实在是只有古希腊人才编得出的故事。

的确，正如埃及的神半人半兽，希腊的神半人半神。或者说，除了更加漂亮和永远不死，他们与人无异。人身上的七情六欲，甚至所有毛病和弱点，希腊的神都有。从争权夺利到争风吃醋，从胡言乱语到胡作非为，包括偷情、使坏和恶作剧，以及相互欺骗，奥林匹斯山（Olympus Mons）上的诸神哪一样没干过？能够想到的，他们都做了。

而且，从不忏悔。

这样的神，当然不可能承担宗教的责任和义务。事实上，希腊神话也只是他们的《西游记》，不是《金刚经》，更不是《古兰经》。说白了，他们干脆就没有宗教经典，当然也没有教主教义和教会教规，甚至不知信仰为何物。[25]

那么，希腊人也有宗教吗？

有，但至少一半是用来玩的，另一半则交由诗人、艺术家和哲学家去自由创造。没有绝对权威和清规戒律，只有“将人向上提升的巨大力量”，以及关于理想境界的朦胧认识和模糊界定。如果一定要下定义，或许可以叫“完美”。[26]

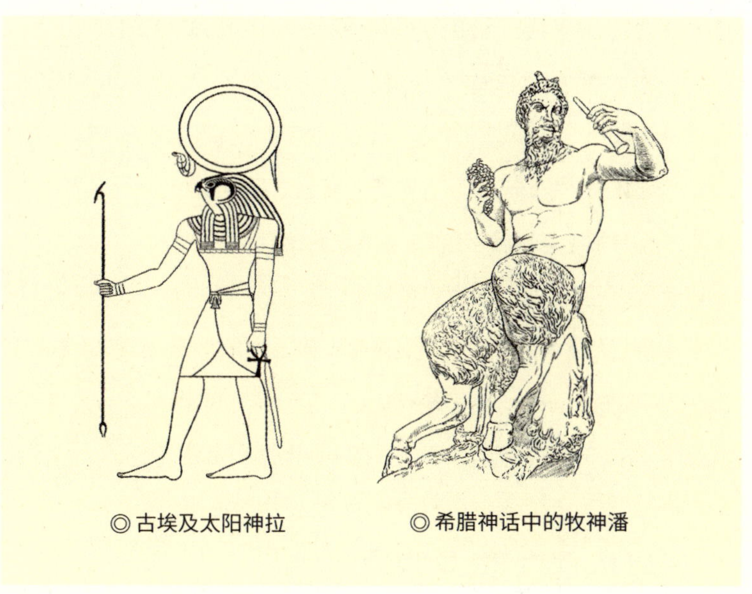

◎古埃及太阳神拉　◎希腊神话中的牧神潘

完美即神。也许，这就是希腊人的宗教观。但是我们必须充分注意，这种完美主要是智力和审美意义上的，与道德无关。比如阿芙洛狄忒，便拥有无可挑剔的美。成为一个美女需要具备的条件她都有，却唯独没有贞洁。

所以，从道德的意义看，神也是不完美的。然而这却让神变得亲切。结果，神的所有错误和坏事，都被编成悲剧或喜剧隆重上演，以至于每次祭典也都是人的狂欢。

希腊人，把宗教变成了艺术。

其实就连哲学家，也是嘲讽的对象。在阿里斯托芬的某部喜剧中，苏格拉底（Socrates）被装进吊篮高高挂起，让那参观“思想学校”校园的学生家长大开眼界。

于是，就有了这样的台词：

学生家长：苏格拉底？真是好心肠的苏格拉底吗？

苏格拉底（居高临下地）：凡人，你为什么叫我？

学生家长：请问，你在那筐里干什么呢？

苏格拉底：我在空中行走，逼视太阳。只有这样，思想的精华才不会像芹菜吸水一样，被土地吸走。

学生家长：你说什么？思想、精华、太阳和水芹菜？[27]

希腊人，把哲学变成了艺术。

与此同时，或者更早，他们也把巫术变成了科学，甚至变成对纯粹真理的思考，而且是为科学而科学，为思考而思考。因此，他们又从科学走向了哲学。事实上，哲学在亚里士多德（Aristotle）那里就叫“物理学之后”（Metaphysics），中文翻译为“形而上学”——超越具体事物的学问。

这就跟印度人不太一样。

印度人是先把巫术变成宗教，再把宗教变成哲学的。因此他们的宗教极具哲学意味，哲学也极具宗教意味。印度似乎是一个灵魂不灭的国度，一座建在人间的神殿，一条永远洁净的圣河。在那里，你能听见那些来自天国的声音，就像犹太先知、耶稣基督和穆罕默德能够直接得到神启。

犹太人和印度人在天上，希腊人和中国人在人间。

一直生活在人间的中国人甚至部分地保留了巫术。民间喜欢的口彩，皇家喜欢的祥瑞，便都是巫术的遗风。毫无疑问，进入文明时代以后，巫术不再占据舞台的中心，它也要变。只不过，既没变成科学，也没变成宗教。

那又变成了什么？

礼乐。

巫术变成礼乐，其实就是变成道德和审美，或伦理与艺术。因此，其他民族依靠宗教去实现的功能，在中国就靠礼乐来完成。礼的任务是维持秩序，给我们安全感；乐的作用是保证和谐，给我们自由感；而巫术变成礼乐，则不但帮我们实现身份认同，也是中华文明不曾湮灭的秘密所在。

所以，我们没有宗教，也不需要宗教。

实际上，从巫术到礼乐，在中国就像从部落到国家一样自然，只不过时间要晚得多。准确地说，那是周人智慧的体现。因此，我们现在还不能讨论礼乐。因为历史舞台上还有一些明星没有退场，必须交代它们的去向。

比如图腾。

第五章

告别图腾

公元前 3100 年，
世界上大多数民族还没睡醒的时候，
纳尔迈就兼并上下埃及，
建立了“第一王朝”。

神佑尼罗河

在氏族时代有巫术的，到部落时代也有图腾。

比如埃及。

跟中国、印度和美索不达米亚不同，埃及文明的发祥地不在两河之间。它也不是两条河（印度河与恒河，或者黄河与长江）创造成果的汇合，而是始终只围绕一条河。

没错，尼罗河（Nile River）。

但，这是怎样的母亲河啊！

的确，尼罗河是神奇的。作为世界上最长的河，它流过了世界上最大的撒哈拉沙漠（Sahara Desert）。尼罗河也是动荡的，每年都要定期泛滥。尼罗河又是慷慨的。那泛滥的河水不但浇灌了两岸，还带来大量的矿物质和腐殖质，沉淀为肥沃的黑色土壤，埃及人称为“克麦特”（Kmt）。[1]

◎ 古尼罗河流域

地中海
巴勒斯坦
（下埃及）
吉萨
赫利奥波利斯
孟菲斯
西奈半岛
尼
赫尔莫波利斯
希拉孔波利斯
阿拜多斯
涅伽达
底比斯
撒哈拉沙漠
（上埃及）
罗
红海
阿斯旺
埃雷风坦尼
第一瀑布
布亨
第二瀑布
努比亚
河
第三瀑布
第四瀑布
第五瀑布

这真是神赐的土地。

于是，在上古时代，尼罗河就像一条珠链，从南到北连缀着大大小小珍珠般几十个聚落。这些聚落，古埃及人叫斯帕特（spt），希腊人叫诺姆（nomos），中文翻译为州。它们原本是部落或村庄，后来则慢慢变成了国家。

古埃及文明，就从这里诞生。

变成国家的“斯帕特”或“诺姆”，起先是部落国家，也是城市国家。他们都有自己的保护神。其中不少是动物，比如鹰、蛇、狼、公牛、狮子、鳄鱼、朱鹭；也有的“半人半兽”，比如厄勒藩丁的克努姆（Khnum）就羊头人身。

哈！埃及跟中国一样，也有“羊人”。

他们的“伏羲”或“炎帝”时代，也是群魔乱舞。

没错，远古原本就是牛鬼蛇神的舞台。埃及的鹰神、蛇

◎ 厄勒藩丁的克努姆神

神、鳄鱼神、朱鹭神等等，也最早都是图腾，甚至生殖崇拜的象征。进入文明时代后，就变成了国家的保护神。

这是一个重大的转变。

转变是必然的，也是必须的。实际上，正如我们在《祖先》一卷中所说，人类发明图腾，原本就是一要“变母系为父系”，二要“变氏族为部落”。因此，国家一旦诞生，图腾便该鞠躬谢幕，就像巫术必须变成科学、宗教或礼乐。

问题只在变成什么。

埃及人的选择是把它们变成神。

这当然顺理成章。因为图腾原本就极具神秘色彩，是能

◎ 古埃及众保护神

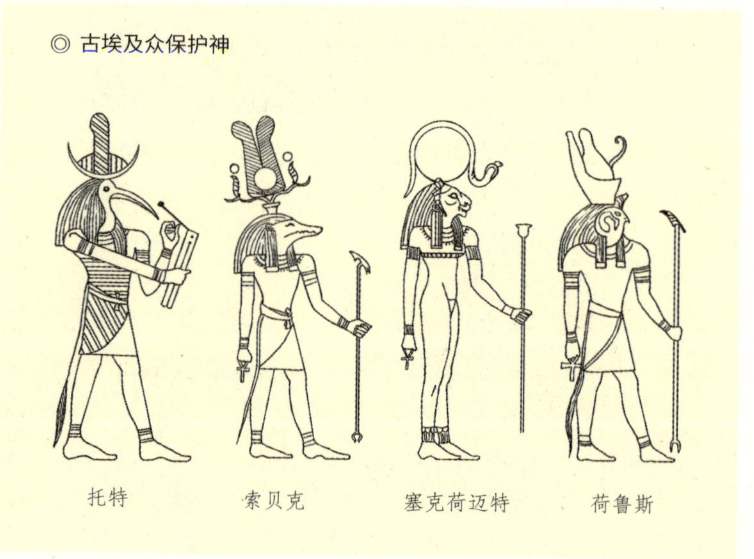

够让氏族的老祖母神奇怀孕的神秘物，早就享有神的地位和尊崇。比方说，不能吃图腾动物的肉，不能以粗暴、猥亵或者戏弄的态度去对待，死后要举行隆重的葬礼等等。

图腾变神，岂非轻而易举？

何况对于君主国，这样做最合适，也最合算。因为君主制的要义，就是"主权在君，君权神授"。所以后来欧洲那些君主登基，都要教皇来加冕。但如果国王是"神的儿子"，那就连授权的程序都不用走了，岂不便当？

再说这一点都不难。从部落到国家，从图腾到神，对于民众来说，不过是族民变国民，族徽变国徽；对于君主来说，则不过族长变酋长，酋长变国王。图腾原本就是部落的祖先，酋长也当然是图腾的儿子。那么，如果图腾是神呢？

国王便毋庸置疑地是"神的儿子"。

埃及人正是这么做的。只不过在讲述这段历史时，我们也许得仿照"父王"的说法杜撰一个名词：父神。

最早也最有力量的父神应该是荷鲁斯，至少第一王朝的法老们都声称自己是这只太阳神鹰的人间化身。根据古埃及神话的诸多版本之一，荷鲁斯是掌管尼罗河泛滥的自然之神奥西里斯（Osiris）的儿子。不幸的是，在一场宫廷政变的阴谋中，奥西里斯被弟弟塞特（Seth）神杀害，尸体也被大卸八块扔到了四面八方，荷鲁斯不得不踏上复仇之路。

这样的故事在今天看来已是陈词滥调，在当时却要算触目惊心。不过幸运的是，与莎士比亚笔下的丹麦王子哈姆雷特（Hamlet）不同，荷鲁斯的母亲忠于自己的丈夫。她千辛万苦找回了奥西里斯的尸体碎片，然后缝合起来；荷鲁斯则因为地神盖博（(Geb）的裁决，担任了埃及之王。[2]

从此，他成为埃及法老的父神。

裁决是可能的，也是有效的。因为奥西里斯和塞特都是天空女神努特（Nut）和大地之神盖博的儿子。天是女性而地是男性，这与《周易》的说法不同，却符合原始民族对世界的认知，正如我们在《祖先》一卷中所说。

塞特的结局其说不一。但他通常被描绘成有着长长鼻子的怪兽，同时也是沙漠之神。因此这个神话也许透露出以下信息：战胜了沙漠（塞特）的埃及人，将由于尼罗河（奥西里斯）而统一起来，成为太阳（荷鲁斯）普照的整体。

事实也是如此。公元前3100年，我们这个星球上大多数民族还没睡醒的时候，太阳神的儿子纳尔迈或美尼斯，就兼并了上下埃及，建立起“第一王朝”。这里面无疑有尼罗河的作用。我们知道，尼罗河是流向地中海的。因此，驾船从上埃及驶往下埃及，顺水；从下埃及到上埃及，顺风。

哈，好风水！

这确实不简单。因为此后至少还要一千年，中国传说中的夏才会出现，而且还只相当于埃及的“诺姆国家”。秦始皇兼并天下，则要到两千八百多年以后。那时，古老的埃及早就先后被波斯国王冈比西斯（Cambyses）和马其顿国王亚历山大（Alexander）征服，只剩下落日余晖了。

奇怪！这个“神佑之国”怎么会亡？

因为埃及的神是图腾变的。

成败都是它

图腾不能变成“国家神”吗?

不能。

为什么不能?因为关系不同。请大家想想,图腾与族民是什么关系?血缘关系。国家与国民又是什么关系?公共关系。部落是由氏族组成的,氏族则由血缘来组织。部落与国家之别,就在部落成员都相信自己是同一图腾的后代,国家却必须“按照地区来划分居民,使用权力来处理事务”。

图腾,还能用于国家时代吗?

当然不能。相反,变部落为国家,就必须同时变革图腾。首先,必须把所有部落的图腾都一笔勾销。然后,要么废物利用就地取材重塑一个,比如中国的龙;要么干脆直接另造保护神,比如古希腊竞争上岗的雅典娜。

可惜，埃及没能这样。

埃及人的做法，是把所有的图腾全部变成了神，正如他们把部落直接变成了国家。于是，原来有多少部落，后来就有多少诺姆；原来有多少图腾，后来就有多少神。如果这诺姆是部落联盟，那么，同一诺姆还会有许多神。再加上后来创造添加的，古埃及的神据说竟有两千之多。[3]

不对吧？总共几十个诺姆，怎么会有两千多神？

有两个原因。首先，他们的神原本就多，差不多每个村社就有一个，类似于我们的土地公公。其次，古埃及人对待宗教的态度极其开放和开明。他们不但一视同仁地看待其他诺姆的神，就连外国的神来了，也愿意与之共进晚餐，尽管他们的万神殿里已是济济一堂，神满为患。[4]

这就是神与图腾的不同之处。图腾是不能共享的，也是不兼容的。部落只能有一个图腾，就像人只可能有一个亲生父亲；民族可以有许多神，则像家庭可以有许多成员。图腾变成了神，当然雄辩地证明部落变成了国家。

问题是，这么多神，谁说了算？

主神。

埃及的主神也有两种。一种是地方性的，一种是全国性的。后者就是法老的父神，前者则是州长们的神爸爸，比如月亮神托特（Thoth）。我们知道，他的形象是朱鹭。

太阳神是鹰，月亮神是鹭，倒是挺搭配。

那么，谁能成为全国性的主神？

哪个诺姆是江湖老大，他们的神就是。提尼斯（Thinis）的纳尔迈兼并了上下埃及，主神就是荷鲁斯。后来，底比斯勃然崛起，阿蒙（Ammon）就成了主神。阿蒙有时是一只鹅，有时是一条蛇，有时是一头羊。但最后，它的头顶也像荷鲁斯那样升起了一轮红日，因为太阳神和尼罗河，是全体古埃及人都崇拜的。

这样一来，事情就变得简单：某个后来居上的利益集团要想改朝换代，只要将自己的主神升格成全国性的，然后再把他说成是太阳神就行。于是，古埃及的太阳神便前赴后继地层出不穷，比如还有拉（Ra）和阿吞（Aton）。

得利的渔翁则是神庙和祭司。因为无论谁当法老，都得讨好他们。到拉美西斯三世（Ramesses Ⅲ）后期，神庙拥有了埃及三分之一的耕地和五分之一的人口；祭司则不但成为世袭的团体，更成为制度上的权力。结果是，一个名叫赫里霍尔（Herihor）的阿蒙神庙祭司直接采用了王室头衔，时间是在公元前1085年左右，即中国的商帝乙时期。

与此同时，古埃及的辉煌也基本宣告终结。此后的王朝有利比亚人（Libyans）的，也有埃塞俄比亚人（Abyssinians）的，还被亚述（Assyria）统治过，最后亡于波斯。[5]

◎ 鹰神荷鲁斯

荷鲁斯是古代埃及神话中法老的守护神，曾是王权的象征。

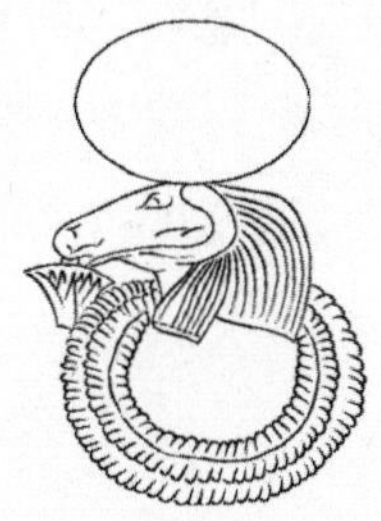

◎ 公羊首阿蒙神

位于底比斯的卡尔纳克神庙中，神像头戴太阳盘。

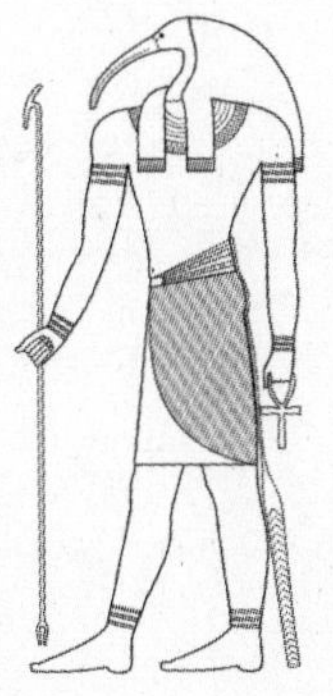

◎ 月亮神托特

托特同时也是古埃及神话中的智慧之神。

神，终于没能保佑法老。

说起来这也是法老们自作自受。因为神庙和祭司原本就是他们自己养肥的，谁知道竟会尾大不掉。问题是他们又不能不仰仗神庙和祭司。因为他们统治的合理性、政权的合法性都来自神，而且是图腾变成的神。

神权政治，注定只能饮鸩止渴。

古埃及政治的成败，也全在图腾变神。

那么，就没有别的什么路可走吗？

有。比如罗马。

法治罗马

罗马人用法律替代了图腾。

这不奇怪。罗马本身就是奇迹。

没错，罗马出现在世界舞台上时，起初是一点都不显眼的。公元前753年罗马开始建城那会儿，埃及人早就盖起了金字塔，波斯人早就发明了拜火教，印度的《吠陀本集》早已完成，中国则进入了东周。就连希腊，也已经举办了六届奥林匹克运动会。这时的罗马，算什么呢？

蕞尔小邦。

罗马的弱小甚至让他们躲过了许多劫难，因为没人把他们放在眼里。然而很快，罗马就让世界刮目相看。他们扫平意大利，占领西班牙，征服阿拉伯，把诸多文明古国比如马其顿、叙利亚、希腊和埃及，都变成了自己的行省。

◎ 古罗马鼎盛时期疆域

不列颠
大西洋
日耳曼人
莱茵河
多瑙河
高卢
阿尔卑斯山
比利牛斯山
西班牙
意大利
伊利里亚
亚得里亚海
科西嘉岛
撒丁
罗马
迦太基
毛里塔尼亚
努米底亚
阿非利加
地

古罗马鼎盛时期疆界
古罗马鼎盛时期疆域
古罗马边境的防御城墙
萨尔玛特人
阿兰人
里
海
亚
斯特河
黑海
亚
伊比利亚
亚美尼亚
君士坦丁堡
小亚细亚
爱琴海
西里西亚
叙利亚
亚述
安息
美索不达米亚
底格里斯河
幼发拉底河
海
耶路撒冷
亚历山大里亚
阿拉伯
埃及

当然，还有迦太基（Carthage）。

位于非洲北岸今天突尼斯（Tunisia）境内的迦太基资格很老，他们在希腊人举行第一次奥林匹克运动会之前便已经建城，到中国春秋时更成为西地中海最有势力的国家。这个富甲一方的商业之邦不但拥有当时世界上一流的海军，军事统帅汉尼拔（Hannibal）更是让人闻风丧胆，以至于某位贵族保守派议员每次在罗马元老院发表演说时，都要用这样一句话作为结束语：我认为迦太基一定要消灭。

事实上它也被消灭了。公元前146年，也就是西汉名将周亚夫被免职的第二年，原本有60万人口的迦太基城被罗马人夷为平地。幸存的5万人被卖为奴隶，废墟上建立的行省也被改名为阿非利加（Africa），非洲便因此而得名。[6]

于是，罗马有了一个雅号——世界的征服者。

不过，尽管罗马人把地中海变成了自己的内湖，但如果仅此而已，他们也顶多只是英勇善战的骑兵，开疆辟土的汉子，甚至杀人如麻的武夫。然而罗马对人类文明的贡献却不在武化，而在文化。至少在西方人那里，罗马绝不仅仅只是一座城市，一个国家，一段历史，更是一种文化和精神。

那么，罗马留给世界最宝贵的遗产是什么？

基督教（Christianity），罗马法（Roman law）。

也许，这才是秘密所在。

的确，罗马的年头并不短。奥古斯都屋大维之前是五百年的共和国，之后的帝国则与中国的两汉并驾齐驱，同时创造出当时地球上的两大世界性文明。后来，罗马分裂为两个帝国，这才开始走向衰落。西罗马帝国，亡于中国的南北朝那会儿；东罗马帝国，死在中国明朝的景泰年间。这么长的日子，那么大的地盘，靠什么来维持和维系？

契约。

前面说过，契约精神是希腊的遗产，罗马则是希腊人的好学生。基督教和罗马法，便是契约精神的集中表现，而且被发挥得淋漓尽致。这一点，三言两语就能说清——

基督教，就是“与神签约”。

签约有两次，先签的叫旧约，后签的叫新约。

罗马法，则是“为人立法”。

立法也有两种，一种叫公法，一种叫私法。

什么是公法？什么是私法？按照罗马人的界定，它们分别是有关帝国政府和个人利益的法律。也就是说，公法是处理国家事务的，私法是处理国民关系的。

因此，有了这两种法律，国家与国民就各安其分，各得其所，不至于乱成一团。尤其是公民，既有安全感，又有自由感。因为当他们需要安全的时候，有法律保护；需要自由的时候，又公私分明。

国家的功能，被罗马法成功地体现。

罗马作为国家，又岂能不成功？

明确界定“公私两权”，合理处分公权力和私权利的法典，叫《民法大全》。它是由东罗马帝国来完成的。那个时候，中国是南有南梁，北有北魏；欧洲则兵戎相见，烽火连天。这不能不让人感慨系之！是啊，罗马人似乎天生就有法律头脑和法律兴趣。他们竟然想出这种办法，来管理那庞大复杂的国家，而且在只剩下半壁江山时还乐此不疲。

难怪德国法学家耶林（Rudolph von Jhering）会有这样的名言：罗马人对世界有三次征服，第一次用武力，第二次用宗教，第三次用法律。法律的征服是最持久的。

当然，法律不是唯一的，甚至不是最重要的。没有罗马军团的铁蹄，所有的征服恐怕都可以免谈。那真实而迷人的罗马其实就像法国画家热罗姆（Jean-Leon Gerome）笔下的共和政体：壮硕的女神左手拿着橄榄枝，右手拿着钢刀，身后是一头随时都可能怒吼的狮子。

但，这跟图腾又有什么关系呢？

◎ 共和政体像

据19世纪法国画家让·莱昂·热罗姆作品重绘。

并非图腾的图腾

图腾与罗马法的共同之处在身份认同。

的确，图腾制度创立的初衷，原本是“变母系为父系，变氏族为部落”。但正如黑格尔所说，手段总是高于目的。因此，当图腾当真出现时，便有了一个意外的功能。

这就是界定族民的身份。

界定是一点都不困难的。鹰图腾的部落成员，都说自己是“鹰的后代”；龙图腾的部落成员，都说自己是“龙的传人”。龙是龙，鹰是鹰，这就是“区别”；你也是鹰，我也是鹰，这就是“认同”。这跟后来说“我是英国人，你是法国人”，或者“都是炎黄子孙，爱国不分先后”没什么两样。说“法老是荷鲁斯的儿子”，也不奇怪。

部落能够变成国家，图腾功不可没。

但，图腾变成神，好理解；变成法，或者由法来替代，不大容易想得通。图腾是神秘的和具象的，法律则是理性的和抽象的。图腾，怎么会变成法，又怎么能变成法？

秘密在人。

马克思说得非常清楚：人到世间来没有带着镜子。他怎么知道自己是人？只能通过他人来证明。比方说，保罗是人。彼得发现自己跟保罗一样，因此彼得知道自己是人。[7]

但，这种方法靠不住。

靠不住是显然的。是啊，彼得要靠保罗证明，那么能够证明保罗的又是谁？彼得吗？那就成了“相互论证”。于是保罗只能靠乔治，乔治只能靠玛丽，玛丽只能靠彼得，彼得只能靠保罗。这又成了“循环论证”。而且，只要其中一个“不是人”，整个证据链就会断裂，结果大家都不是人。

人的确证，如何实现？

只能靠“超人”。换句话说，这个证明者必须是人，否则不能提供证明；又必须超越一般人，否则不能证明所有的人。

图腾便正好符合这个标准。

没错，所有的图腾都是“族的祖先”，因此是“人”。所有的图腾都是动物、植物或者自然现象（比如电闪雷鸣），因此“不是人”。所有的图腾都神圣而神秘，因此是“超人”。

这当然很合适，也很实用。

可惜，图腾局限严重。它只认本族，不认他族；只认族民，不认国民。罗马当年面临的，便正是这个问题——她的国民是多民族和多元文化的。这就太难办了！使用本族图腾吧，其他的人不认；保留各族图腾吧，天下分崩离析；干脆不要图腾吧，又无法认同身份。[8]

幸亏罗马人想到了法律。

法律为什么就能代替图腾呢？因为罗马法包括公法和私法，私法又包括人法、物法和诉讼法。人法的意义，就是从法律的角度界定了什么是人。罗马法规定，法律意义上的人有三个条件：第一是具备人格，第二是享有权利，第三是承担义务。其中，第一条又最重要。因为没有人格，就不可能享有权利，也谈不上承担义务。

人格表现于法律，就是权利，即身份权。身份权有三种：自由权、市民权、家族权。自由权是基本人权，也是最重要的身份权利。没有自由，即为奴隶。这就区别了奴隶和自由人。市民权是罗马公民的特有权利，包括参政议政、担任公职、选举被选举等公权，结婚、诉讼、处分财产、建立遗嘱等私权。这就区别了罗马人和“非罗马人”。家族权则实际上是父权。没有家族权，就不是“男子汉”；没有市民权，就不是“罗马人”；没有自由权，那就“不是人”。

反过来也一样。

◎ 罗马法结构体系

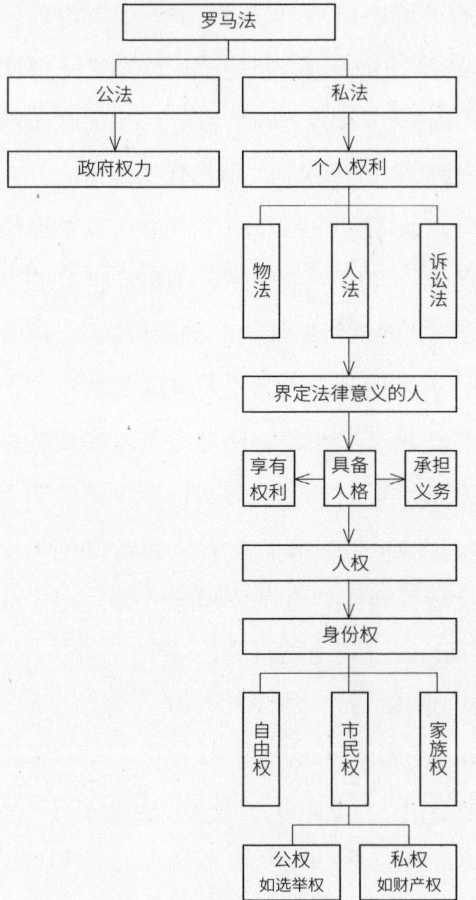

◎ 人格减等

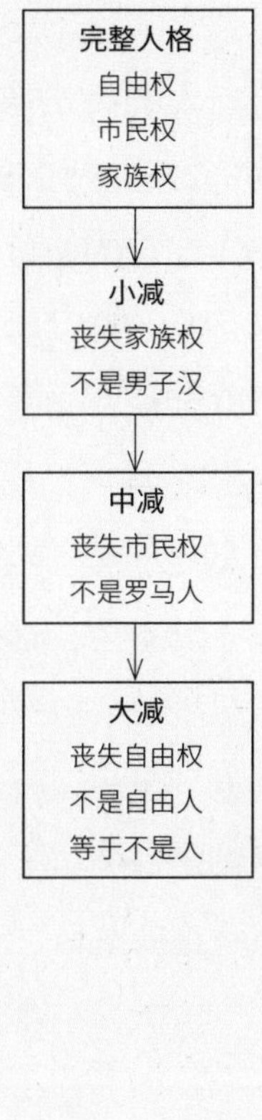

罗马法还规定，只有同时具备了自由权、市民权和家族权，才是“完整的人”，否则就叫“人格减等”。丧失家族权叫“小减”，丧失市民权叫“中减”，丧失自由权叫“大减”。罗马人的统治手段，就是让被征服者处于不同的“法律地位”。公元212年，罗马皇帝卡拉卡拉（Caracalla）颁布敕令，授予罗马境内所有自由人公民权利，就是怀柔政策之一。

这就可以实现“身份认同”。因为一个自由人只要被授予市民权，他就是罗马人。同样，这也便于国家治理。因为只要剥夺一个人的身份权，他就可能成为“孤魂野鬼”，甚至“人民公敌”。那可真是人人得而诛之，死无葬身之地。

只不过，这一切都是通过“界定法律地位”来实现的，因此是地地道道的“以法治国”。而且，这个人原来属于哪个国家、民族、阶级，都变得不再重要，正如只要皈依佛门就是佛教徒，接受洗礼就是基督徒，虔诚地诵念清真言和作证言就是穆斯林。法律和宗教，高于种族。

宗教，是没有国界的国家。

法律，是并非图腾的图腾。

既创造了法律（罗马法），又创造了宗教（基督教），罗马人对世界文明的贡献当然永垂不朽。

认祖归宗

罗马法确实让人叹为观止。

这是一个逻辑严密、思路清晰的系统。公法与私法，私法更重要；人法、物法、诉讼法，人法更重要；具备人格、享有权利、承担义务，人格更重要；自由权、市民权、家族权，自由更重要。安全、自由、身份认同，都能通过法律地位来实现，岂非“不是图腾，胜似图腾”？

事实上，法律也是“超人”。法律为了人、属于人，由人制定也由人执行，因此是“人”。法律抽象普适，铁面无私，六亲不认，因此“不是人”。法律的尊严神圣不可侵犯，所有人在它面前都一律平等，因此是“超人”。

这就堪称“不是神祇，胜似神祇”。以法律代图腾，当然比“以神祇代图腾”棋高一着，智胜一筹。

那么中国人呢？

图腾在中国又变成了什么？

祖宗。

众所周知，祖宗崇拜是最具中国特色的文化现象。传统社会的中国人，最高的人生目标就是“光宗耀祖”，最起码的社会义务则是“传宗接代”；而一旦犯了错误，遭遇惨败，受到制裁，则“愧对列祖列宗”。祖宗，能管我们一辈子。

那么，什么是“祖宗”？

最老的父亲。

实际上，祖的甲骨文字形，就是一根露出龟头勃然雄起的阴茎。它也就是“且”，起先是男性生殖崇拜的象征。这样的象征物，世界各地都有，只不过在中国叫“祖”。石制的叫石祖，陶制的叫陶祖。后来这东西越做越大，就从雕塑变成了建筑。印度的塔，埃及的方尖碑，其实都是。

氏族变成部落以后，生殖崇拜就变成了图腾崇拜；部落变成国家以后，图腾崇拜又变成了祖宗崇拜。祖，则一贯到底。图腾和祖宗都是男性的，祖当然要坚守岗位。只不过在图腾时代，它要变成动物，比如蛇、鸟、牛、羊、龙等等。但骨子里，还是那话儿，也只能是那话儿。

显然，祖，是父系制度和男权政治的象征。

但，图腾是把男性生殖崇拜神圣化，祖宗则是把图腾崇

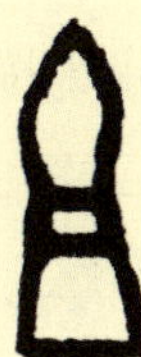

◎甲骨文“祖”
（前一·九·六）

◎甲骨文“且”
（甲四一四）

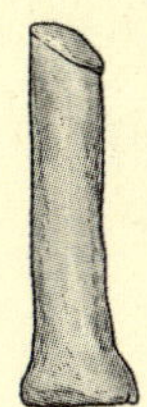

◎陶祖
据甘肃临夏州博物馆藏陶祖所绘。

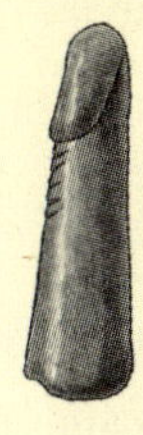

◎石祖
据新疆木垒博物馆所藏石祖绘制。

很明显，正如国和或是同一个字，祖和且也是同一个字。国家是由部落演变而来的，祖宗崇拜则源自男性生殖崇拜。

拜世俗化。所以，祖虽然一以贯之，形制和意义都会变也必须变。在氏族时代，它就是生殖器；到部落时代，就变成象征物；到国家时代，则变成了宗庙和神主。

宗庙就是祖先的祭殿，神主则是祖先的牌位。神主应该是先有的，办法是把对氏族有开创之功的男性祖先之符号刻在石祖或陶祖上。此后祖宗越来越多，性器也不再堂皇，就换成石牌和木牌，但仍然叫“祖”。为了供奉神主，又盖起了房子，这就是“祖庙”或“宗庙”，简称祖和宗。宗字上面那个“宀”（读如棉）就是房子，下面那个“示”就是牌位。

神主和宗庙，就是“祖”的新概念。神主就像图腾一样重要，宗庙则像祭坛一样崇高。因此，建立氏族或家族，都要先建庙。以祖庙为中心，族长率族而居，叫作“籍”。祖立则籍立，祖在则籍在，祖毁则籍亡，叫“毁庙灭籍”。

这样的籍，当然就叫“祖籍”。

进入国家时代以后，祖庙或宗庙又成了国家的象征。以祖庙为中心，国君率民而居，叫做“国”。祖立则国立，祖在则国在，祖毁则国亡，叫“毁庙灭国”。

这样的国，当然就叫“祖国”。

后面的结论便顺理成章：华夏既然是“祖宗之国”，也就不会是天国、神国或者法治国。

那么，华夏的体制是什么？

家天下

还是先看埃及。

埃及的部落变成国家后，很快就天下一统、中央集权了。而且，是统一在神的旗帜之下。至高无上的是太阳神，他是上下埃及共同的保护神，与上下埃及共同的君主法老相对应，至于是叫荷鲁斯或者拉和阿蒙，则另当别论。

太阳神之下，是全国性的方面神或者行业神。比如哈比（Hapy），自古便被尊为尼罗河神，象征着尼罗河的泛滥和丰饶。普塔（Ptah）是孟菲斯（Memphis）的主神，同时也是工匠和手艺神。奥西里斯的小姨子奈芙蒂斯（Nephthys，又译尼费塞斯）是死者的守护神，也是生育神和妇女神。他们对应着中央政府各部门，相当于中国的“六部尚书”。

但，机构是否健全，则不得而知。

地方上，首先是上埃及和下埃及各有一个保护神，然后是各地区又有各地区的保护神，对应着各地方官。也就是说，埃及的神也是有“行政级别”的。他们的级别会随着王朝的更替而调整，甚至形象都会跟着变化。这是世界宗教史上十分罕见的现象，也许根本就不能视为宗教。[9]

显然，古埃及的政治体制，是“人神同构”。

◎ 埃及的“方面神”

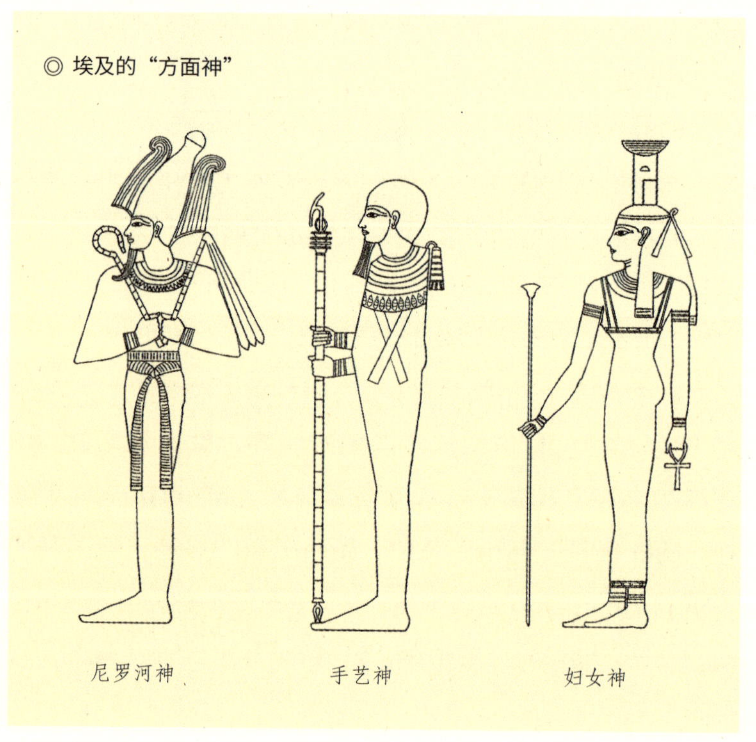

那么，华夏之邦呢？

家国一体。

这就是中国特色了，从西周到明清都如此。国是放大的家，家是缩小的国。君臣官民都是父子，四海之内皆为兄弟。所以当年海瑞骂皇帝，司法部门就参照“儿子骂父亲”来量刑。流氓地痞土豪劣绅叫作“地头蛇”，也因为高高在上的是一条龙。龙旗之下，四海一家。君是君父，臣是臣子，县太爷是父母官，上阵的是子弟兵，难怪叫“家天下”。

问题是，为什么呢？

因为我们跟埃及一样，也是从部落直接变成国家的。我们并没有像希腊人那样，炸毁氏族血缘组织，然后“按照地区来划分居民”，由公民重新组成国家。但是，我们又没有像埃及人那样，把图腾变成神，而是变成了祖宗。因此，族民变成国民以后，依旧四世同堂，照样认祖归宗。

实际上，中国古代国家的建立和管理，一直就是家族式的。从西周到春秋，是三个层次的家族：天子的王族，诸侯的公族，大夫的氏族。它们也分别叫作王室、公室和氏室。秦汉以后，只剩下皇室和皇族。但在地方上，尤其是在广大农村，仍然祠堂遍地，家谱续传。一个人要想安身立命，依靠的还得是父老乡亲，甚至列祖列宗。

这就叫家国体制。

◎ 祠堂

宗祠，又称宗庙、祠堂，是传统大家族供设祖先神主牌位、举行祭祖活动的场所，也是从事家族事务活动的地方。

没错，埃及神权政治，华夏天下为家。

那么，家和国，哪个更重要？

家。

有人问孟子：舜的父亲杀了人，皋陶该怎么办？

孟子说：当然是去把他抓起来。

又问：舜是天子，不能阻拦皋陶吗？

孟子说：不能。皋陶是法官，当然要执法。

再问：那么舜该怎么办？

孟子说：背起父亲逃到天涯海角，忘了自己是天子。[10]

舜当然不是天子，那时还没有天子，但不妨假设是。因此孟子的主张便可以这样理解：作为国家领导人，以权谋私或徇情枉法是不行的，却可以放弃职位，像普通人一样把亲情和孝道看得比国家更重，尽管他那父亲是个混蛋。

孟子的主张当然只是一家之言，却在无意中揭示了家国体制的内在矛盾。没错，家既然是国的基础，那么国民甚至国君的首要任务便是维护自己的家庭，以及家庭伦理。但是请问，如果舜当真这样做了，他还是负责任的领导人吗？

恐怕不好说。

然而孟子的口气却很轻松。毕竟，那是我们民族的青春时代，对自己的选择也信心满满。黑格尔说得对：凡是合理的就是现实的。反过来其实也一样。所以，家国体制能够延续数千年，就一定有它的合理性。何况，世上没有任何东西是永恒的。罗马城墙上刻的这句话，说得一点都不错。

显然，问题不在“好不好”，而在“为什么”。

这正是本中华史希望能够回答的问题。现在可以初步弄清的是：原始时代世界各民族的道路和模式大体相同，都有氏族和部落，也都有巫术和图腾，跨进文明的门槛后却分道扬镳。图腾在埃及变成了神，巫术则在印度人和犹太人那里变成了宗教，只不过印度教多神，犹太教一神。

有神未必就是宗教，正如宗教未必有神。佛教其实就是无神的，这一点以后还要再说。总之，选择可以多种，道路也可以多样。因此，希腊人把巫术变成了科学和艺术，罗马人用法律替代了图腾，我们民族则是以祖宗代图腾，变巫术为礼乐，由此开创了波澜壮阔延绵不绝的伟大文明。

那就回顾一下夏商周吧！

第六章

闯他一回红灯

汤领导的商人，
开创了一个新的时代。
诡异绚烂的殷商文明，
青铜铸就，甲骨绘成。

老调子已经唱完

公元前2070年，大禹不幸逝世。[1]

当然，是因公殉职。

按照司马迁的说法，我们民族这位远古英雄是死在南巡途中的，地点在今天浙江省绍兴市的会稽山。于是，一个难题就摆在了众人面前：他留下的权力真空由谁填补？[2]

兹事体大，不可等闲视之。

说来这原本不是问题，因为有制度也有先例。制度就是所谓禅让，先例则是传贤不传子。比如接替尧的是舜，而不是尧之子丹朱；接替舜的是禹，也不是舜之子商均。这就是之前三位老大尧舜禹的权力交接方式。由于这种方式是五帝时代的，所以在儒家那里被看作是“帝道”。

但，这里面有前提条件和时代背景。

实际上，正如我们在《祖先》一卷中所说，部落联盟晚期实行的是双执政或双首长制。尧当一把手的时候，舜是二把手；舜当一把手的时候，禹是二把手。唯其如此，他们才能平稳过渡。因此，如果禅让和传贤当真存在，那么第一道程序就该是选贤，而且这道程序据说禹也走了。他起先选了皋陶，皋陶去世后又选择了治水时的得力助手益。

因此禹死之后，接班的就该是益，有问题吗？

有。

问题出在第二道程序，这道程序叫避让。

避让是必须的，否则显得有野心，不谦和。所以，尧死之后，舜就一个人跑到南河之滨躲起来，要把原本属于他的职位让给尧的儿子丹朱。可惜“同志们”不干。各部落的酋长谈工作、打官司、唱赞歌，都找舜，没人理睬丹朱。舜这才正式接替尧，做了部落联盟的CEO。[3]

这个程序，禹也走了一遍。只不过他是躲在阳城（在今河南省登封市），避让对象是舜的儿子商均。

不客气地说，这是胡扯！

请问，尧舜禹时代，制度不是禅让吗？父死子继，不是还没变成规矩吗？那么请问，舜和禹，凭什么要避让前任的儿子？所以这事根本就子虚乌有。就算有，也是做秀，多半还是后来那些篡改历史的儒生帮他们做的。

其实这又何必！

我们要问，避让就一定是美德吗？担任部落联盟的一把手当然好处多多，至少能满足男人的雄心和权欲。但从法理上讲，接过权杖毕竟首先意味着责任和担当，尤其是在那多事之秋。那么请问：舜和禹的避让，或谦让，或礼让，究竟是负责呢，还是不负责？是有担当呢，还是没有？

何况就算想当老大，又如何？男儿本自重横行。男人雄心勃勃就像他性欲旺盛，既不光荣，也不可耻，只不过正常。但如果装腔作势，就虚伪。可惜这种虚伪根深蒂固。后来曹操当魏王，曹丕做皇帝，便都“三让之”。

也只能说，这是一种恶俗。

不过剧本既然已经写好，便只能硬着头皮上舞台。因此禹去世后，益也照葫芦画瓢，躲到了箕山之阳。然而故事却并没重演。酋长们都不理睬他，反倒成群结队地拥戴禹的儿子启当老大。启也不客气，受之无愧了。

老调子已经唱完，这戏演不下去。

如此结果，很让儒家没面子，可惜却是铁的事实。何况如果不承认世袭制的合理性，则夏商周三代政权的合法性岂不统统都成了问题？事实上至少在战国，人们便开始对历史真相产生怀疑。孟子的学生万章就问：大家都说大禹的时代道德滑坡，天下不传给贤人而传给儿子，有这事吗？

孟子倒不怕这一问，因为他根本就不承认天下可以让来让去。在此之前，万章也曾问他：尧把天下让给舜，是不是事实？孟子的回答斩钉截铁：没有的事！他还说：天下本来就不是天子的，怎么可以拿去给人！

万章问：那么舜有天下，谁给他的？

孟子说：天给他的。

所以，万章又来问禹的事，孟子就不难回答。他的说法是：传子还是传贤，全看天意。天要给贤人，就传贤；天要给儿子，就传子。何况启原本就能继承禹的遗志，益则资历尚浅威望不够。言外之意很清楚：此时传子就是传贤。[4]

这个说法后来被司马迁全盘接受，从此成为正统史学界的主流意见。然而不同的声音也一直不绝于耳，战国时期就有人说，禹传给益的职位是启依靠武力抢去的，甚至还有人说这其实是禹的安排：他表面上传天下于益，实际上却暗示启自己夺权。这就已经是在怀疑禹的人品了，却也被司马迁录入《史记》，还使用了“天下谓”三个字。可见这种传言在当时已是沸沸扬扬，治学严谨的司马迁也不能充耳不闻。[5]

那么，历史的真相究竟如何？

启废禅让

不妨先看孟子的说法。

孟子说，禹在生前确实向上天举荐了益，益也确实按照规矩避让于启。但是遗憾得很，朝觐、诉讼和唱赞歌的人都不去见益，而是去见启。他们一而再、再而三地说：这是我们伟大领袖的儿子，领袖的儿子呀（吾君之子也）！

司马迁说得更具体：吾君帝禹之子也。

禹的儿子，这才是关键。

没错，启可能是优秀的，但难道益不优秀？不优秀怎么能入禹的法眼？益当副手的时间短，难道启的时间长？他可是一天都没干过。说到底，就因为世袭制势在必行，此刻不过瓜熟蒂落水到渠成。因此，就算益资历深、功劳大，比启还要德才兼备，恐怕也没用，除非实力大大超过了启。

实力才是资本，世袭才是趋势。

事实上，启废禅让之前，各部落的酋长恐怕早就已经世袭。这时，如果联盟的老大还得“让”，谁都别扭。相反，能把禅让制给废了，则皆大欢喜咸与维新。那些早已变成“各路诸侯”的家伙，当然乐观其成。

事不宜迟，顺水推舟，禹的儿子启毅然闯红灯。

结果众所周知，益永远地失去了他的奶酪，启成功地得到了他的蛋糕。至于手段是和平演变，还是武装夺权，其实并不重要，重要的是启的新称谓：夏后帝启。[6]

这很有意思。

先说后。后，可不是前后之“後”的简体字。它原本就写成“后”，意思是诞育者，引申为领导者，相当于王。不过王的甲骨文字形是大写的人站在土地上，后的意义却很可能是临盆生孩子。所以到后来，女性称后，男性称王。[7]

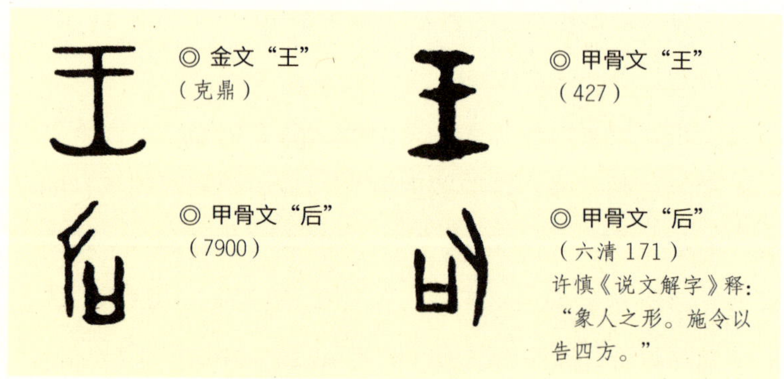

◎ 金文“王”（克鼎）

◎ 甲骨文“王”（427）

◎ 甲骨文“后”（7900）

◎ 甲骨文“后”（六清 171）许慎《说文解字》释：“象人之形。施令以告四方。”

皇天后土，也是这个来历。

帝的本义则是缔造者，也引申为领导者。问题是，启既然已经是后，为什么还要称帝？因为这时的“帝”是部落联盟大酋长的称号，比如帝尧、帝舜和帝禹。因此，帝启二字便标明了权力的来源以及政权的合法性。

但，帝禹和帝启，却有本质区别。

禹是不能叫夏禹的，只能叫大禹或帝禹。启却可以也必须叫夏启，或夏后启。因为原本是族名的夏，现在已经变成了国号。准确地说，闯红灯的启在废除禅让制，开创世袭制的同时，也把尧舜时代的部落联盟变成了部落国家。[8]

国家诞生了，我们民族从此进入文明时代。

启，真是个好名字。

不过那时毕竟还是过渡时期，因此“后”也多。于是夏启便叫“元后”，其他那些则叫“群后”。但，名称没改，性质变了。过去是部落酋长，现在是国家元首。这就像古代印度，部落首领叫罗惹（Rajan），城邦君主也叫罗惹。只不过此罗惹非彼罗惹，此刻的群后也非当年的群后。[9]

后，是国家诞生时的脐带。

元首叫“后”的，是“部落国家”。

想当年这样的政治实体一定数量可观，它们被称为“诸夏”。诸的意思是“众多”。诸多的部落国家都叫夏，并非都成了夏的王臣，只意味着对夏文明的仿效和承认。

诸夏，是“文化的认同”。

不认同的，则叫诸狄和诸羌。

也有不服的。

不服的部落叫“有扈”，地盘在今天的陕西户县，跟夏启原本一家，都姓姒（读如四）。他们的唱反调，是反对夏启还是反对世袭，不清楚，也许兼而有之。反正，这是敬酒不吃吃罚酒，必须用拳头教训。于是夏启毫不犹豫地率兵讨伐，并且下令说：奋勇当先的“赏于祖”，临阵脱逃的“戮于社”。

文化密码，就在这道命令里。

夏启所谓祖和社，指的都是牌位。祖是祖宗的牌位，叫神主；社是社神的牌位，叫社主。社神就是土地神，也就是“皇天后土”中的后土。古代行军打仗，如果是元首“御驾亲征”，就要用专车装载这两种牌位随行，以便用神祇和祖宗的名义进行赏罚。看来，夏人早就有了祖宗崇拜。

早到什么时候？

尧舜，因为尧舜都没有图腾。

没有图腾，崇拜什么呢？

也只能是祖宗。

祖宗崇拜跟世袭制度，是相辅相成互为表里的。它甚至就是世袭制度的文化准备、思想准备和舆论准备。因为一旦确立了祖宗的地位，领导人的选举和禅让就不再可能。想想也知道，天底下哪有“选爸爸”和“换祖宗”的？

夏启，不过顺势而为。

然而从史前史到文明史的轨迹，却十分清楚：

女娲登坛，生殖崇拜，创立氏族社会；

伏羲设局，生殖崇拜，变母系为父系；

炎帝东征，图腾崇拜，变氏族为部落；

黄帝出场，图腾崇拜，变部落为部落联盟；

启废禅让，祖宗崇拜，变部落联盟为部落国家。

尧舜禹，则都是在为夏启做准备。

难怪启废禅让是中国历史上的第一次大革命。

问题是，历史上当真有夏吗？

这可是有争议的。

谁代表中国

没有证据证明，夏并不存在。

由于考古学提供的实物证据不足，夏的存在一直遭到质疑。它甚至被怀疑是周人捏造出来的，目的则是为了证明推翻殷商的合理性和合法性。这当然有道理。问题是，如果没有夏，殷商就成了“天上掉下来的林妹妹”，讲得通吗？[10]

当然讲不通。事实上，从史前的尧舜到文明的殷商，中间必有一个重要的转折关头和过渡时期。叫不叫“夏”，就像夏之前叫不叫“尧舜”，反倒是无所谓的。

同样，把夏看作一个发育成熟的王朝，恐怕也是自作多情。不但夏不是，商和周也不是。准确地说，夏是“部落国家时代”，商是“部落国家联盟”，周是“半独立主权国家联盟”。它们可以叫“三代”，不能叫“三朝”。

真正的王朝，开始于秦。

之前，则是漫长的成长期：夏是草创，商是探索，周是形成。进入西周以后，国家就是国家，不再是部落。为中华文明奠定基础和初步定型是西周，原因之一就在这里。

然而即便西周初年，也基本上只有城市国家。领土国家大量形成要到春秋，独立国家出现要到战国，完全做到“按照地区划分国民”和“依靠权力处理事务”，则要到秦汉甚至秦汉以后。标志，就是“中央集权的郡县制”。

夏商周，岂能是王朝？

不是王朝，又是什么？

三个民族，三个阶段，三种文明，三个代表。

代表谁？

中国。

说起来这也是一件奇特的事情。比如夏商周，明明是三个不同部族主导的时代，却居然都是中国；元明清，更清清楚楚是三个不同民族建立的政权，也居然都是中国。谁都是中国，谁都不能说唯独自己是中国，更非谁想说自己是中国就可以是。然而只要是，便成为中华文明和历史不可分割之整体的一部分。所以，诸夏固然是，入华的五胡也是。中华民族之所以屡经混血而文明如一，就因为全都有此认同。

中国的概念，是超越种族更超越政治的。

那么，这样一种“中国”又该是什么呢?

最原始的意义当然是城市，或中心城市，而且是天下或世界的中心。它在西周，甚至具体地就是洛阳，因为周公营建成周洛阳时说了这样一句话：此天下之中。[11]

于是，他们“宅兹中国”。

这是“中国”一词最早的出处，铸在西周青铜器何尊的内底，铭文全篇记录了成王时修建洛阳的史实。显然，他们是把洛阳作为“世界中心城市”来建设的，因此建成以后便举行隆重的仪式，在那里安放了九鼎。

◎ 何尊

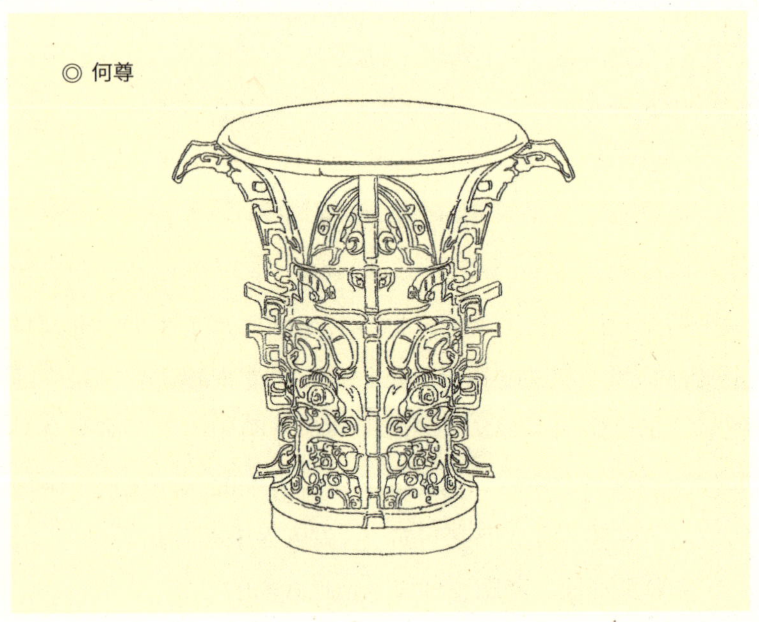

九鼎也是“中国”的象征，据说是大禹治水成功后用九州之铜铸造的。启废禅让，九鼎归了夏；商汤灭夏，九鼎归了商；武王伐纣，九鼎又归了周；秦并天下之后，这宝贝却下落不明，害得后来武则天只好山寨了一套。[12]

这很奇怪。

似乎不能说九鼎并不存在，因为春秋五霸之一的楚庄王便曾在洛阳城外，向周定王派来的使节表示了对九鼎的浓厚兴趣，由此留下了“问鼎中原”的成语。可惜他碰了个不软不硬的钉子，不但没能一睹真容，就连九鼎是一只还是九只都没弄清楚。那使节说：关键在德而不在鼎。无德，有了鼎也没用。我们周虽然衰落，却还没到亡国亡天下的地步。九鼎的大小轻重，恐怕不是随随便便就可以问的。[13]

如此重要的东西，怎么会不见了呢?

然而直到春秋战国，人们都相信有九鼎，也相信九鼎是从夏传到商，再从商传到周的。这就等于用它为线索把夏商周串联起来了，他们也当然都是中国，是同一文明的创造和传承者。只不过那时的天下还不是统一国家，因此他们不是中国的三个王朝，只能说是“中国”的三个代表。

夏商周成为三个代表，是因为他们无论纵向比较还是横向比较，文明程度都是最高的。诸夏高于诸狄和诸羌，也高于当时还很弱小甚至处于初级阶段的商族和周族。等到商的文明程度超过了夏，代表权便理所当然也归了商。

周的后发制人，也一样。

何况文化从来就是趋炎附势的。谁是江湖老大，大家就跟谁学；而综合国力最强的，往往文化水平也最高。他们对周边民族，也会既武力征服，又和平演变。但，只征服，不消灭。商人的做法，是先驱逐，后同化；周人的做法，则是先安顿，再同化。总之，所谓“中国”其实就是T型台，先后取得了文化主导权的夏商周，都要粉墨登场走猫步，担任中华文明的模特儿，给周边民族做榜样。

不同的，是风格。

甲骨文与青铜器

无论如何，夏文明都是质朴的。

质朴不难理解。那时生产水平毕竟低下，夏人根本就不知奢华为何物，也没有摆谱的理由。孔子说禹的饮食起居艰苦朴素，唯独祭祀不敢马虎，应该属实，但与道德无关。[14]

其实，传说中的夏即便真实地存在，也不是秦汉那样的王朝。当他们出现在文明的第一级台阶上时，不过是率先实现了从部落到国家转变的带头大哥。初期，恐怕就连部落国家的联盟都没有，只有一个最大的部落国家叫夏，若干中小部落国家叫诸夏，此外就是尚待转变的诸狄和诸羌。

所以，他们有没有文字，也很难说。

萌芽或许有了。考古学家在夏代的陶器陶片上发现了刻画的符号，其中很有一些与后来甲骨文不乏相似之处，因此有可能已经具备文字功能。不过就算是吧，那也是刻在陶器上的，与后来铸在青铜器上的不可同日而语。

◎ 二里头文化陶器上的刻画符号

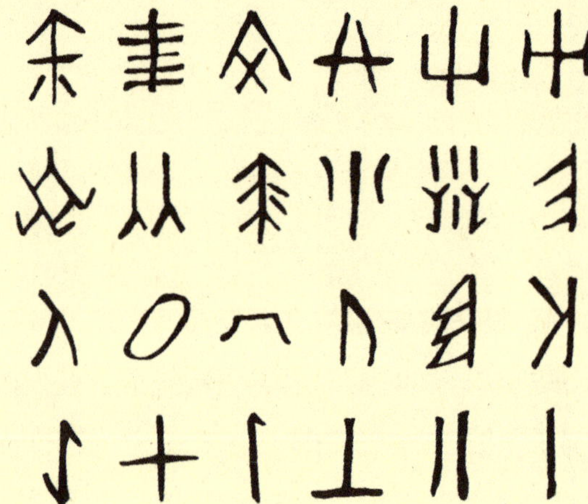

夏，朴实无华。

殷商文明却诡异而绚烂。

诡异绚烂的殷商文明，青铜铸就，甲骨绘成。

的确，正如罗马最宝贵的遗产是基督教和罗马法，殷商最伟大的发明是青铜器和甲骨文。尤其甲骨文，它就是现代汉字的直系祖先，从形状到精神都一脉相承。

这是一件了不起的事情。

的确，人类是“创造符号的动物”。符号，区别了自然与文化；文字，则区别了史前和文明。这也正是夏文明遭到质疑的重要原因。以甲骨文为母体的汉字，却是能够跨越时间和空间以及种族界限远距离传播的符号。因为汉字不是拼音文字。因此，即便不知道它们的准确读音，也不妨碍明白它表达的意思。唯其如此，说着不同方言和语言的族群才有可能接受汉字传达的信息，认同以汉字为载体的文明。当年的日本人、韩国人、越南人，现代的中国人，都如此。

没错，如果不是用汉字书写，以古今语音之差异，我们将读不懂先秦诸子，也无法欣赏唐诗宋词。中华文明能够具有世界性，能够延续三千多年不中断，汉字功不可没。

其实从某种意义上讲，中华文明圈也可以说就是汉字文化圈。日本学者甚至发现，在周代，较早较多地接触到铸有铭文之青铜器的邦国，都比较认同周天子的权威，情况相反的则态度冷淡。由此有了一种说法：汉字的魔力。[15]

确实有魔力。难怪古人说，汉字发明出来时，天上要下小米，鬼要在晚上哭个没完。[16]

对不起了，鬼们!

商人却完全不顾牛鬼蛇神的感受，自说自话地利用文字与神祇和祖宗沟通。沟通的方式有占卜和祭祀。占卜用龟甲和兽骨，这就有了甲骨文。祭祀用青铜礼器，这就有了钟鼎文。后来还有刻在石头上的，则叫石鼓文。

然而无论哪种文字，都天然地具有卓异的风格、艺术的品位和审美的意味。甲骨文朴拙劲挺，钟鼎文雄健诡谲，石鼓文厚重恣肆，尽显筚路蓝缕的草莽之气，开天辟地的英雄之情，以及初生牛犊的没心没肺。从商到周，都如此。

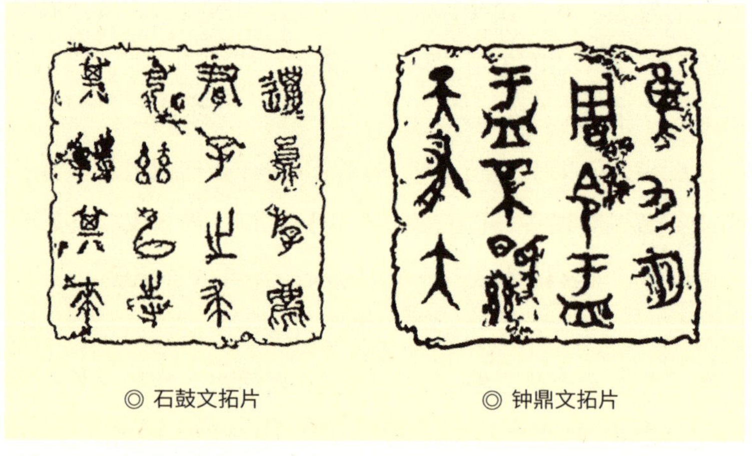

◎ 石鼓文拓片　　◎ 钟鼎文拓片

这是一种“童年气质”。

同样的气质也体现于青铜器，这是商人的拿手好戏。夏代虽然有黄铜也有青铜，但商人掌握的冶炼技术显然水平更高，这才把夏人请下了T型台。因此他们的猫步，肯定走得铜光闪闪，铿锵有力，极尽炫耀之能事。

炫耀什么？

英武、富有、权威。

承担了这个任务的是兵器和礼器。兵器是杀人的，礼器则是吓人的。所以他们的青铜礼器上，满是妖魔精怪、牛鬼蛇神、魑魅魍魉，比如有头无身的食人怪兽饕餮，一头两身的怪蛇肥遗，一只脚的夔和两只角的虬，全都面目狰狞形象恐怖，不是“杀人不眨眼睛”，就是“吃人不吐骨头”。

这是一种“狞厉的美”。[17]

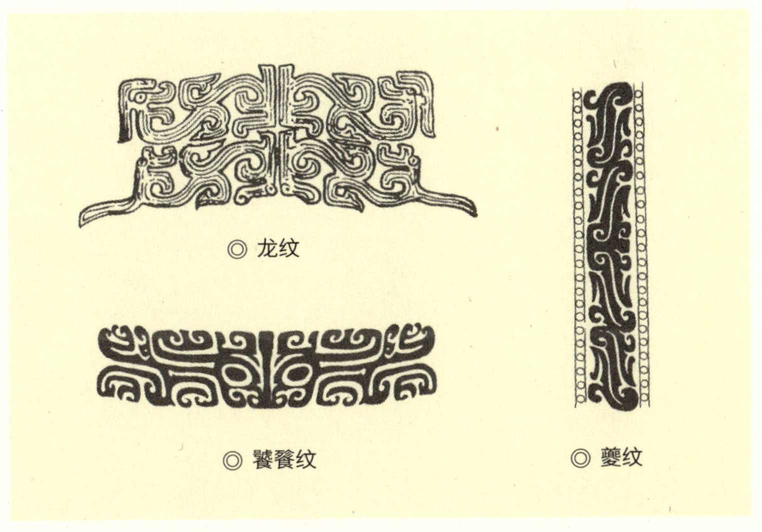

◎ 龙纹

◎ 饕餮纹

◎ 夔纹

是的，狞厉。但同时，又天真。如果说，面对仰韶文化的彩陶，我们呼吸到的是潮乎乎的生命气息；那么，殷商青铜礼器给人的感觉，则是杀气腾腾又嬉皮笑脸。其中有粗野，有蛮横，有霸气，有威严，也有顽皮和搞笑，甚至“某种真实的稚气”，因为那毕竟是我们民族童年的作品。

只不过，这个儿童堪称“顽劣”。

但是这没有办法。历史从来就不会在脉脉温情的牧歌中进展，反倒经常得踏着千万具尸体前行，我们的殷商文明也注定只能是“有虔秉钺，如火烈烈”。[18]

他们后来葬身火海，也不奇怪。

天命玄鸟

开创了商时代的是汤。

这个说法没有错。前面说过，夏商周都不是王朝，而是时代，也是进程。夏代文明草创，只有部落国家；周代日臻成熟，已有国家联盟，还有天下共主。因此，前者恐怕只能叫“夏阶段”，后者则无妨称为“周天下”。二者之间的商应该建立了部落国家的联盟，可以叫作“商时代”。这个称谓也意味着一个事实：此时此刻，由商人代表中国。

商汤，是“划时代的人”。

划时代的商汤据说大名叫履，又叫天乙，汤则是他的荣誉称号，意思是“除虐去残”。由于有此功绩，他被列为小康社会的三个代表（三王）之一，在历史上备受推崇。

这就照例要有励志的故事。

故事很现成。有一天，商汤用网捕猎。他祷告说：天下四方的都进来吧！结果飞禽走兽尽入其网。商汤又打开网的三面，然后对鸟兽们说：想从左边出去的往左，想从右边出去的往右，不听命令的就留下来！

结果众人都说：仁德之至啊，泽被禽兽！[19]

可惜，跟不少对道德楷模的刻意打造一样，这件事也露了马脚。请问，当商汤说“不用命，乃入吾网”时，他究竟是要表现不忍一网打尽的恻隐之心，还是要显示自己权威的不容置疑呢？恐怕是后者吧！要知道，禽兽们原本就是因为服从命令才进来的，哪有不听命令的？恩威并施罢了。

再说我们也不知道，落入网中的有没有玄鸟。

玄鸟就是燕子，也是商族的图腾和保护神。根据一个古老的神话，他们的男性始祖契（读如谢）就是由于母亲简狄在河边洗澡时吃了玄鸟蛋，才怀孕生下的。因此商族的赞美诗《玄鸟》的第一句就是：天命玄鸟，降而生商。[20]

于是，对玄鸟的祭祀便成为盛大的节日。每年，当黑色的燕子归来时，他们都要举行性爱的狂欢。这时除男性奴隶外，贵族、平民和女奴，都可以自由地来到玄鸟神庙，在神的面前尽情享受一夜情。当然，也可以多次和多人。[21]

如此习俗，中外皆同，比如印度人和非洲人，目的则是弥补婚姻对人性的压抑，重温远古的性爱自由。它甚至是古罗马一个固定节日，叫沙特恩节（Shateen Festival），只不过时间是在冬至那几天，也没有燕子或玄鸟。[22]

这是性爱的复活节，与儒家主张的道德风马牛不相及。

事实上，商人建立政权并非靠道德，维持统治当然也不靠玄鸟。前者靠的是对青铜冶炼技术的垄断、商业贸易带来的巨额利润，以及武装到牙齿的军队，后者则还要加上神权的力量。所以商代祭祀活动和神职人员之多，在中国历史上是空前绝后的，也许只有古埃及可以相提并论。

◎ 占卜狩猎吉凶的甲骨

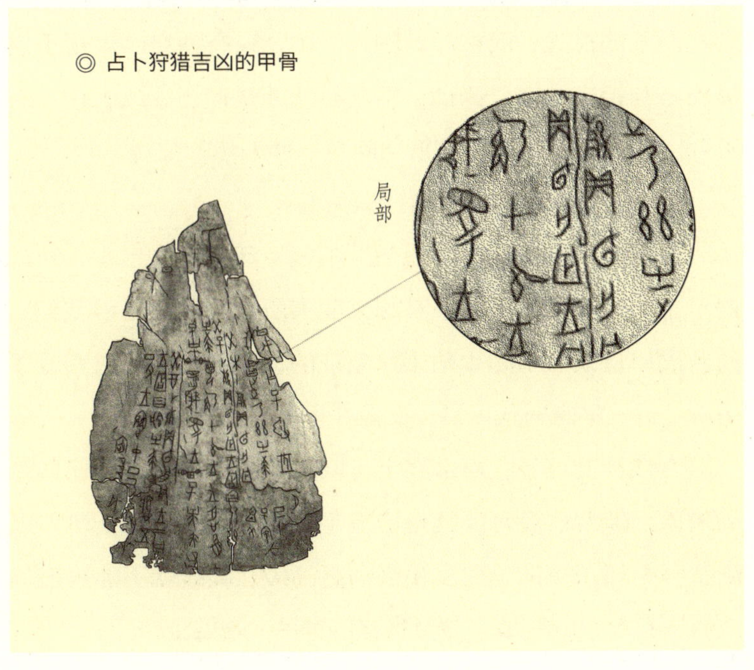

不同的是，商王并不在王宫之外另建神庙。他的神庙就是他的王宫，自己则是最伟大的与神沟通者。没错，王宫里会有大量的巫师。他们的任务是先在兽骨或龟甲上钻眼，再放进火里烧，然后根据裂纹来解释神意。这些解释都要刻在兽骨或龟甲上，所以叫甲骨文。但如果商王愿意，他也会自己来解释。更重要的是，祭祀用的青铜礼器只属于王，不属于巫。因此，王宫既是政治中心，也是祭祀中心。

这就把王权和神权统一起来了。同样，祖宗崇拜和鬼神崇拜也是统一的。因为在天上，最善于也最能够与神祇沟通的是商王的祖先；而在活着的人当中，只有他自己最善于也最能够与祖先沟通。因此，不是祭司而是商王，或者说“时王”（在任商王），才与神祇之间有一种天然的契合。[23]

但，这与性爱的狂欢有什么关系呢？

关系就在商的“沙特恩节”不但复活了性的自由，而且揭示了文化的密码。这个看起来匪夷所思的节日告诉我们，商族最早是以燕子为生殖崇拜象征的，只不过后来它变成了图腾。进入国家时代以后，又像在埃及一样变成了神。

变成神的燕子，原本完全可以像荷鲁斯那样继续保持鸟的形象，因为它很可能就是伏羲手上那只太阳神鸟。可惜太阳崇拜是属于夏的，商文化必须更高级。高级就不能再是鸟或兽，玄鸟也就变成了更具神格的神——帝或上帝。

天庭有“上帝”，是因为人间有“下帝”。下帝商王，是天命玄鸟的后代，皇天上帝的宠儿，青铜礼器的主人。难怪饕餮、肥遗、夔龙和虬龙，都为他保驾护航。[24]

如此江山虽非铁打也是铜铸，怎么也说亡就亡了呢？

或许还得走进商都去看一看。

不能再胡闹了

迁徙到殷的商都，就像有城墙的上海。

殷就是现在的安阳，商则是现在的商丘，都在今天的河南省境内。在商丘建立根据地的是商汤，以安阳（殷）为大本营的是盘庚。盘庚迁殷后，二百七十三年不再移动，所以后人便把这个族群和国家称为殷，或商，或殷商。[25]

他们如何自称，却不清楚。

不清楚是肯定的。那时还没有明确的国家意识，当然也不可能有什么国号。称帝之后定国号是王朝时代的事，把殷或商称为首都也同样欠妥。殷商只是部落国家，并非后来的领土国家，怎么会有首都？也只能叫根据地或大本营，却肯定是城市，因为他们自称“大邑商”或“天邑商”。[26]

将商都或殷都理解为都市，可以成立。

但，那是怎样的都市啊！

城墙是高大的，宫殿是威严的，街道纵横交错，房屋鳞次栉比，作坊星罗棋布，饭店灯红酒绿。乘坐豪车的贵族招摇过市，无所事事的平民徘徊街头，额上打了火印的奴隶被驱赶着去服劳役，不同种族的巨商小贩穿梭往来。就连后来成为周武王得力助手的美人姜太公吕望，据说也曾在殷的城市朝歌（朝读如召，今河南省淇县）卖过牛肉。

这是商业的城市。

商品来自四面八方。渤海沿岸的海产品和绿松石，西北草原的畜群和皮毛，长江上游的铜和锡、下游的稻米，以及商人自己生产的农作物和工艺品，都在殷都进行买卖，使用的货币则曾经一度是来自斯里兰卡的海贝。如此之高的商业化和繁华开放程度，堪比后来的唐代长安和宋代开封。

殷都，俨然古代东方世界的国际贸易中心。[27]

手工业同样相当发达，工艺水平也极高，连马缨和篱笆的制作都有专门的工匠，完全达到专业化的程度。这些产品除了满足商王和贵族的骄奢淫逸，也拿到市场上买卖。生意最好的时候，甚至庙宇都会变成市场。

更多的商品则被成群结队的商旅驾着牛车骑着象，运往五湖四海世界各地。这种盛况在上古唯独此代，以至于后人会以轻蔑的口气，把跑来跑去做生意的称为“商人”。[28]

行商坐贾，即源于此。[29]

这似乎“不像中国”。

的确，从夏开始，我们民族便基本上以农业立国，重农抑商几乎成为世代共识，工商业和城市经济发达到超过农业的就只有殷商和两宋。有趣的是，宋其实就是殷，是殷这个字的音变，所以殷商残余势力在周代的国号就是宋。这就太有意思了，难道冥冥之中真有什么前缘命定？[30]

无疑，南北两宋的宋，不是东西两周的宋，前者与殷商也多有不同。他们虽然都注重城市工商业经济，但两宋气质是文雅甚至淡雅的，殷商却如熊熊烈火，浓郁瑰丽。

这又是为什么呢？

宋的情况只能在《大宋革新》一卷交代，殷商的气质则可能源于他们喜欢折腾的民族个性。这个民族大规模集体性的迁徙，从契到汤四五百年中八次，从汤到盘庚三百三十年间五回，正所谓“前八后五”，简直就像游牧民族。[31]

实际上也很可能就是。商人好巫术，重鬼神，酷爱肉食和饮酒，有大量牛的肩胛骨可供占卜并记录卜辞，都证明了这一点。他们的多次迁徙，亦非像后来的东晋和南宋那样是为了避难，而是为了寻找更合适的牧场或商品集散地。也就是说，他们是边游牧边做生意的，就像丝绸之路上的粟特人（Sogdia）、阿拉伯半岛的贝都因人（Bedouins）。

商，恐怕原本就是游牧商贸民族。

因此，他们来到中原，跟当年的炎帝族一样，也经过了万里长征。只不过，炎帝是西戎，他们是东夷；炎帝的图腾是兽（牛），他们的是禽（玄鸟）。但敢想敢干，一样。

这是一个富有想象力、创造力、探索精神、开拓精神甚至叛逆精神的民族，几乎把所有的可能都尝试了一遍，结果弄得自己一半像中国，一半像外国：神权政治像埃及，等级观念像印度，制定法典像巴比伦，商品经济像腓尼基，奴隶制度像罗马。据卜辞记载，他们甚至可能有罗马那样的角斗表演，让沦为奴隶的战俘自相残杀，供商王和贵族观赏。[32]

殷商六百年，浓缩了世界古代史。

如果不是周人异军突起，殷商会不会发展为罗马帝国？

难讲。

黄河九曲十八弯，中国道路也一样。

商人却处处出格。他们“析财而居”，也就是父母在世的时候便分家过日子，包产到户，甚至析财到人，就连妇女也有自己独立所有的土地和财产。他们又“以业为氏”，也就是从事什么行业，就采用什么氏，比如制陶的是陶氏，制绳的是索氏，做旗帜的是施氏，编篱笆的是樊氏。更为严重的是居然还“以国为姓”。诸侯封在某国就姓某，商王也不管他们是不是自家人。谁的实力强，谁就是大爷。[33]

对不起，这就是“闯红灯”了。

结果却与夏启刚好相反。请大家想想，以国为姓，还有君吗？以业为氏，还有父吗？析财而居，还有家吗？家都没了，还有国吗？家国、君臣、父子都没有，还有天下吗？照他们这样下去，变图腾为祖宗，岂不是白干了？

这就比酗酒、泡妞、开裸体舞会、以渔猎为游戏、迫害忠良不听劝告、让女人干预朝政等等严重多了，甚至比严刑峻法滥杀无辜还要严重，当然不能再让他们胡闹下去！游牧商贸也好，城市工商也罢，这两种文明都不是我们的菜。曾经一度代表中国的殷商，也最终被周人赶下了历史舞台。

后起之秀周，要为中华文明立法、立范、立规矩。

奠基者来了。

本卷终

请关注下卷《奠基者》

后记

巡航日志

1. 谜语

升到巡航高度后，在飞机上就多半只能看到云。

做一次全球的飞行是必需的。因为从本卷起，中华史就进入了国家时代。从部落到国家，是历史的岔路口。在那里，先前的同路人即世界各民族开始分道扬镳，各自朝着自己认准的方向往前走。没人知道前景如何，更不知道狮身人面的斯芬克斯，正蹲在那路口冷笑。

是的，斯芬克斯。

岔路口上常有劫匪，但斯芬克斯与众不同。她不要钱，却赌命。这家伙从古埃及跑到古希腊后，不但变成了女妖，还从缪斯那里学到一肚子谜语，专门为难过往的行人。谁要是猜不出谜底，她就把谁一口吞掉。直到忒拜的英雄俄狄浦斯一语中的，她才狮子般地咆哮了一声，一头摔下万丈悬崖。

现在看来，希腊人是太乐观了。斯芬克斯其实没死，只不过从岔路口来到了思想界。那可是智者云集的地方，有层出不穷的主义可供饱食，也有众多的谜团可供提问，不愁没有俎上之肉、盘中之餐。

国家的逻辑，便是其中之一。

是啊，人类为什么要有国家呢？为什么一个民族要想告别史前进入文明，就得先把国家发明出来？如果说事出偶然，为什么无一例外？如果说这是进步，又为什么会有那么多人怀念氏族和部落的时代？

这样的难题，正合斯芬克斯的口味。

一个又一个的体系被吃掉了，学者们不得不选择审慎的态度。他们在写到这个历史的重大转折时，原则上都只描述，不分析。他们会告诉我们，某某国家是由部落或部落联盟转变而来的，也会告诉我们是怎样转变甚至是通过谁来实现转变的。但为什么要变，鲜有深究。即便探究，也往往仅限于西方世界。

然而中华文明不能缺位。从西周到春秋，我们实行的是最独特的国家制度；从秦汉到明清，建立的是最典型也最稳定的帝国。罔顾中华民族的经验和逻辑，文明的大门前，历史的岔路口，就只能是波诡云谲，迷雾重重。

斯芬克斯神闲气定笑傲江湖。

我们怎么办？

2. 办法

1798年7月，拿破仑率领他所向披靡的远征军来到了埃及。他们在吉萨高地壮丽的晚霞下，看见了海一般辽阔、夜一般死寂的土地，看见了默默无言巍然矗立的金字塔，以及被希腊人称为“斯芬克斯”的狮身人面像。几乎所有人都被震撼。拿破仑，这位“骑在白马上的时代精神”庄严地说：士兵们，四千年的历史正在看着你们！

也就在这时，一个不识好歹的家伙贸然开炮，还一炮便打歪了狮身人面像那一米七五的鼻子。这一炮，不知是心慌意乱，还是擦枪走火。

反正，斯芬克斯的鼻子没有了。但这样一来，反倒让它的微笑更加冷峻而傲然。

炮打斯芬克斯的故事，二百年间在埃及广泛流传，也不断被历史学家们辩诬。有人说，让它失去了王冠、圣蛇、长须、鬃毛和鼻子的，其实是几千年的日晒雨淋，风吹沙袭。也有人说，砍掉它鼻子的，是一位名叫沙依姆·台赫尔的人，原因是反对偶像崇拜。还有人说，拿它眼睛和鼻子当靶子练习射击的，其实是埃及玛穆鲁克王麾下的士兵。

但无论真相如何，这些经验对我都不适用。因为我写中华史，是要审视“世界文明中的中华文明”，找到“中华文明中的共同价值”，弄清楚三千七百年以来我们的命运和选择，回答“我们是谁，从哪里来，到哪里去”这三大问题。

这就必须直面斯芬克斯之谜。只有弄清楚国家的逻辑，才知道文明的轨迹，也才能破译中华的密码。只不过，迎面而上是不行的，绕道而行也是不行的，装作没看见就更不行。

唯一的办法是升空。

因此，在完成史前文化的“破冰之旅”后，有必要来一次“全球巡航”。目的，则不但要看清楚各民族的“文明轨迹”，更要看清楚全人类的“国家逻辑”，而且是“共同逻辑”。

知道共同逻辑，才能找到共同价值。

3. 钥匙

升空的感觉很好。

没错，升到巡航高度后，多半只能看到云。但云和云是不一样的。不同的云下面，有的是山，有的是河，有的是草原，有的是森林。更何况，一旦云开雾散，我们还能像李贺说的那样：遥望齐州九点烟，一泓海水杯中泻。

那“九点烟”是什么？

城市。

星罗棋布的城市是国家的象征，文明的界碑。任何一个民族，只要建立了城市，就同时建立了国家；建立了国家，也就进入了文明。以此为界，之前的岁月叫“史前”，也是神话和传说的时代，之后才是“历史”。

历史就是文明史。

城市则是“文明的标志”。许多早已消失的文明，就是因为考古队发现了城市的遗址才得以确认的，比如克里特和哈拉巴、奥尔梅克和玛雅，也包括美索不达米亚。

钥匙找到了。

那么，城市的秘密又在哪里，怎样才能发现它？

这要感谢我们民族的伟大发明，这个伟大发明就是象形文字。象形文字比拼音文字优越的地方，在于能够保留最原始的信息，尤其是甲骨文和金文。而且，通过对文字演变的考察，我们还能发现历史的轨迹。这套“中华史”从第一卷开始，便大量使用古文字为线索和证据，原因就在这里。

甲骨文和金文告诉我们，国就是城，城就是墙。这显然是为了安全和安全感。但现代城市是没有墙的，这就证明人们还要自由和自由感。既要安全，又要自由，只有城市才能实现。城市的秘密破译了。

问题是，为什么城市出现以后，部落就变成国家了呢？

因为人变了。

组成氏族和部落的，是“族民”；组成城市的，是“市民”；组成国家的，是“国民”。族民与市民，有什么不同？族民有血缘关系，至少有“泛血缘关系”。没有，就得联姻。市民则可以有，可以没有，本质上没有。他们的关系是公共的，所以叫“公民”。其希腊文本义，就是“城邦的人”。

有公民，就有公共关系和公共事务。处理这些关系和事务，氏族和部落时代的习俗是不管用的，得靠公共权力和公共规则，还得要有按照公共规则行使公共权力的公共机关。

这就是国家。

现在，国家的秘密破译了吗？

没有。因为并非所有的国民都是公民。恰恰相反，在人类文明之初，绝大多数国民都是臣民。

4. 发现

这一点，在巡航高度看得十分清楚。

如果用不同的颜色代表不同的国家体制，比如民主制为蓝，共和制为红，寡头制为黑，君主制为黄，再加上氏族和部落为灰，不毛之地为白，那么，文明之初的世界地图，除了大片的灰和白，便是大面积的黄。红与黑很少，仅出现于爱琴海、巴尔干、喜马拉雅山麓等个别地区。代表民主制的蓝，则几乎只是一个点，而且一闪即灭。

它的名字，叫雅典。

然而这个被淹没在黄色之中的小不点，却在一千多年后死而复生，并成为汪洋大海。就连那些实际上的专制统治也不得不打出民主的旗号。今日之世界，已是一片蔚蓝。

至少，看起来是。

那么，民主是意外，还是必然？

这个问题很难回答。如果说是意外，为什么后来成为潮流？如果说是必然，为什么当时独一无二？

也只能找样本，做比较，查线索。

样本就是美国。这个制定了人类第一部成文宪法的国家，这个谈出来而不是打出来的国家，是民主、共和、宪政的典型。然而这个由商人、工匠、律师、文盲、探险家、淘金者和流浪汉组成的国家，却与雅典有着惊人的相似。他们的建国，居然都是因为航海、殖民和经商，几乎一模一样。

那又如何？

航海让人体会到自由，殖民让人懂得了独立，经商让人学会了平等。平等就不容专制，独立就需要互利，自由就必须有法可依。独立、自由、平等的结果，势必是民主、共和、宪政，是契约治国和权力制衡。

从雅典到费城，西方文明的秘密昭然若揭，核心价值也一目了然。

但，这是全人类的共同价值吗？

5. 鸟瞰

回答是肯定的。

道理很简单：如果独立、自由、平等不是共同价值，那么，民主、共和、宪政就不会成为世界潮流。事实上，世界各民族对此都有追求。比如中国的墨家、道家和佛家，便都讲平等，分歧仅在实现平等的方式。儒家虽不讲平等，却讲对等，也讲独立和自由，只不过主张相对独立和相对自由。

这一点，我在第六卷《百家争鸣》还要细说。

其他民族，也一样。

于是问题就来了：既然独立、自由、平等是共同价值，民主、共和、宪政又为什么会姗姗来迟，就连西方也走了一大圈弯路？

显然，国家必定还有秘密。

而且，还一定隐藏在分手之前的起点之中。

这就不能再走街串巷，只能回到斯芬克斯拦劫行人的岔路口，还得鸟瞰。结果也很清楚。世界各民族的史前道路是一样的，都是从氏族到部落再到国家。史前文化也是一样的，都有巫术和图腾。但进入国家和文明时代后就分道扬镳。巫术在印度变成了宗教，在希腊变成了科学；图腾在埃及变成了神，在罗马变成了法。原始文化脱胎换骨。

宗教是“没有国界的国家”，法律是“并非图腾的图腾”，它们共同实现的是身份认同。任何一种国家体制和国家道路，都不过是世界各民族在不同的历史条件下，为了实现安全、自由和身份认同所做的不同选择和探索。

这就是国家的秘密。

也是国家的逻辑。

6. 着陆

看清了人家的路，也就看清了我们的来龙去脉。

中华文明的与众不同之处，就在于巫术没有变成科学，也没有变成宗教，而是变成了伦理和艺术，即礼乐。图腾则既没有变成神，也没有变成法，而是变成了祖宗。从生殖崇拜（女娲、伏羲），到图腾崇拜（炎帝、黄帝），再到祖宗崇拜，就是我们走过的道路。

换句话说，其他民族的身份认同，或者靠神，或者靠法，或者靠信仰，靠观念，唯独我们是“认祖归宗”。夏后启能废除禅让制，尧舜禹会变成夏商周，原因就在这里。从秦汉到明清，君主制坚如磐石，原因也在这里。

有了祖宗崇拜，才有了家国体制，也才有了从夏商周到元明清的三千七百年文明史。就连什么叫“中国”，也得以弄清。所谓“中国”，就是“当时先进文化的中心”，夏商周则是“三个代表”。他们前赴后继，不断探索，轮流坐庄，终于奠定了中华文明的基础。

基础是牢固的，影响也是持久的。今天的一切，都可以追溯到那时，包括文字符号和文化心理，文明方式和核心价值。

因此，与埃及、美索不达米亚、哈拉巴、玛雅、波斯、拜占庭等先后毁灭、中断、消亡、失落的文明相比，也与不断更新的西方文明相比，我们的文明“超级稳定”。如何评价这种“超级稳定”，自然不妨见仁见智。但弄清楚其所以然，则恐怕更为重要。

不过，那将是第三卷的事。

现在，巡航已经结束，请调直座椅靠背，打开遮阳板，收起小桌板，系好安全带，我们着陆。

下一站，是周原。

附：修订本后记

不知道若干年后，还会不会有人仍然记得 2016 年盛夏的酷热，但我是不会忘记的。因为当时我在热浪包围的江南某镇，用一个多月的时间将前三卷《祖先》《国家》和《奠基者》修订了一遍。毕竟，2012 年开始写作的这三卷就像小母鸡的头生蛋，带着血丝，个头也小。现在，前十六卷已经出齐，我们也从先秦走到了隋唐，该修订一下了。

改稿其实并不容易，有时候甚至比写作还难。但是为了精益求精，有必要对自己进行革命。因此《国家》一卷不少章节干脆推倒重来，我称之为“政变式改稿”。

非常感谢编辑团队表示了充分理解，他们也对原来的插图和排版做了调整甚至更新。可以说，我们一起做了苹果手机常常做的事情。只不过，尽管新版的页码增加了，印刷成本也增加了，定价却不变。我们的唯一目的，就是想让产品更好一些。如果由此给读者带来不便，我深表歉意！

易中天

2016 年 8 月 23 日

注释

第一章

1 阿歇尔（Ussher），又译厄希尔、厄色尔。相关材料请参看朱狄《艺术的起源》第13—15页及注，中国社会科学出版社1982年版。

2 埃及文明和西亚文明谁先谁后，有争议。这里不讨论。

3 如果加上奥尔梅克，是“六大文明”。

4《明史·志第五十七·食货五》：“每钞一贯，准钱千文，银一两；四贯准黄金一两”，1600年后的黄金白银比例是1∶4，后来又变为1∶5（《明史·志第五十四·食货二》）。1644年后，由于白银大量流入国内，当时黄金白银比率为1∶8左右，按照当时5500荷兰盾＝110盎司黄金≈880盎司白银（1盎司＝28.3495231克）。古代1斤＝16两，1两白银≈37.3克，换算出来，1荷兰盾≈0.567克黄金≈4.536克白银≈0.1216两白银。

5 请参看美国时代生活图书公司编著《欧罗巴的黄金时

代·北部欧洲》。

6 请参看赫西俄德《工作与时日》，奥维德《变形记》。

7 见《礼记·礼运》。

8 见《孟子·告子下》。

9 见《礼记·礼运》。

10 见《论语·八佾》："周监于二代，郁郁乎文哉，吾从周。"

11 以上见《荀子·王制》：水火有气而无生，草木有生而无知，禽兽有知而无义；人有气、有生、有知，亦且有义，故最为天下贵也。力不若牛，走不若马，而牛马为用，何也？曰：人能群，彼不能群也。人何以能群？曰：分。分何以能行？曰：义……君者，善群也。

12 罗马人赶走最后一任"勒克斯"（部落王），是在公元前509年；屋大维成为皇帝，则是在公元前27年。

13 关于城邦与公民的解释，见商务印书馆1965年版亚里士多德《政治学》（吴寿彭译本）。

14 见《古文字诂林》第四册。

15 见林义光《文源》卷一。

16 对这个字形的解释以及对战俘和奴隶盲其左目的史实，见马承源《陈喜壶》、商承祚《战国楚帛书述略》、林洁明《金文诂林》卷十二。

17 请参看范文澜《中国通史》。

18 见恩格斯《路德维希·费尔巴哈和德国古典哲学的终结》。

19 见《论语·八佾》：君使臣以礼，臣事君以忠。《孟子·离娄下》：君之视臣如手足，则臣视君如腹心；君之视臣如犬马，则臣视君如国人；君之视臣如土芥，则臣视君如寇仇。关于武装革命和不合格君主应该下台，孟子的言论很多，请参看本中华史第六卷《百家争鸣》。

第二章

1 请参看奥斯伍尔德·喜仁龙《北京的城墙和城门》，北京燕山出版社1985年版。

2 这位亲历者名叫贝尔纳尔·迪亚斯，他的回忆录叫《墨西哥的发现与征服》，此处引自（美国）乔尔·科特金《全球城市史》（王旭译）。

3 请参看丁朝阳《玛雅文明》。

4 见（美国）乔尔·科特金《全球城市史》（王旭译）。

5 许慎《说文解字》：或，邦也，从口从戈以守一。一，地也。

6 刘心源《子国盘》称：或即国字古文。后人加口于外，不知本字已从口也。域于或旁加土，不知本字已从土也。今或国域分用。

7 请参看（美国）乔尔·科特金《全球城市史》（王旭译）。

8 请参看崔连仲主编《世界通史》。

9 请参看郭圣铭《世界文明史纲要》。

10 据《汉语大字典》。

11 关于塔萨代人是否真实地存在，这里不讨论。

12 请参看杨东平《城市季风》。

13 以上请参看刘明翰主编《世界通史》（中世纪卷）、（美国）乔尔·科特金《全球城市史》（王旭译）。

14 见斯塔夫里阿诺斯《全球通史》。

15 请参看美国时代生活图书公司《民主的曙光》。

16 请参看崔连仲主编《世界通史》古代卷。

17 请参看郭圣铭《世界文明史纲要》。

18 以上请参看金观涛、王军衔《悲壮的衰落》。

19 请参看《古文字诂林》第3册第403页、386页诸家解释。

20 请参看《古文字诂林》第5册第249页诸家解释。

21 以上请参看崔连仲主编《世界通史》古代卷、美国时代生活图书公司《全球通史》第2册、（美国）詹森·汤普森《埃及史》、王海利《埃及通史》、许朝华《埃及文明》。

22 阿卡德王国始于公元前2340年，古巴比伦王国始于公元前1894年，孔雀王朝始于公元前324年，大秦帝国始于公元前221年，均晚于公元前3100年的埃及第一王朝。

23 从公元前594年“梭伦改革”，到公元前337年与马其顿国王腓力二世签订城下之盟，雅典的民主存在了二百多年。从公元前509年到前27年，罗马的共和近五百年。从屋大维建立帝制，到西罗马帝国灭亡，也是五百年。

24 同样，更看重公平的，选择社会主义，尽管社会主义也要讲效率；更看重效率的，选择资本主义，尽管资本主义也要讲公平。因此，资本主义和社会主义，是可以互补的。人类也终将在这一对矛盾中找到平衡点，走出共同富裕的道路。

第三章

1 见《史记·赵世家》。

2 见（古希腊）阿里斯托芬《骑士》。

3 雅典的民主开始于公元前594年的“梭伦改革”，完成于前509或前508年的“克里斯梯尼改革”，在前443—前429年“伯里克利时代”达到鼎盛，前431—前404年“伯罗奔尼撒战争”后走向衰落，前337年“科林斯会议”后宣告终结，大约存在二百多年。之后，是亚历山大的王权统治。顾准先生即认为：城邦制度的希腊在世界史上是例外而不是通例。见顾准《希腊城邦制度》。

4 以上请参看美国时代生活图书公司《全球通史》第4册。

5 科林斯（Corinth），古希腊城邦，位于伯罗奔尼撒半岛的东北，临科林斯湾。是希腊本土和伯罗奔尼撒半岛的连接点。公元前8世纪—前7世纪中期，巴希阿德斯家族把持科林斯城邦政权，实行贵族寡头统治。

6 以上均请参看崔连仲主编《世界通史》古代卷、美国时代生活图书公司《全球通史》第4册。关于波斯军队的人数，据前书。

7 见丹纳《艺术哲学》（傅雷译）所引阿蒲《当代希腊》（1854）。

8 马克思的话，见《〈政治经济学批判〉导言》；恩格斯的话，见《家庭、私有制和国家的起源》。

9 俄狄浦斯的故事在古希腊有各种版本，埃斯库罗斯和索福克勒斯都写过同一题材的剧本，这里不讨论。

10 请参看美国时代生活图书公司《民主的曙光》。

11 请参看崔连仲主编《世界通史》古代卷。

12 请参看崔连仲主编《世界通史》古代卷、（美国）斯塔夫里阿诺斯《全球通史》。

13 请参看刘祚昌、光仁洪、韩承文主编《世界通史》近代卷上。

第四章

1 关于奥尔梅克文明，我们其实知之甚少，学术界也说法不一。此处请参看美国时代生活图书公司《全球通史》第3册、丁朝阳《玛雅文明》、王晶波《失落的文明》。

2 请参看崔连仲主编《世界通史》古代卷、美国时代生活图书公司《全球通史》第2册。

3 以上请参看崔连仲主编《世界通史》古代卷，美国时代生活图书公司《全球通史》第2册，（美国）依迪斯·汉密尔顿《神话》。忒修斯的故事也有各种版本，这里不争论。

4 关于这个问题，国内外学术界都有争议，这里不展开。

5 请参看刘明翰主编《世界通史》中世纪卷、美国时代生活图书公司《全球通史》第10册、（美国）斯坦利·沃尔波特《印度史》。这段历史的人名地名有各种译法，马穆德又译马默德、马茂德、马哈茂德、麦哈茂德，苏姆拉又译索梅纳斯、斯谟那特，此处译名从刘明翰主编《世界通史》，外文从斯坦利·沃尔波特《印度史》。

6 比如哈拉巴文明与印度文明之间便有几百年的空白，从甘婆王朝到笈多王朝之间也有三百多年史实不清。请参看刘明翰主编《世界通史》。

7 坦贾武尔又译坦焦尔，此处从斯坦利·沃尔波特《印度史》译文。本段描述亦请参看美国时代生活图书公司《全球通史》第9册。

8 以上请参看刘明翰主编《世界通史》、斯坦利·沃尔波特《印度史》、（美国）斯塔夫里阿诺斯《全球通史》。

9 见婆罗门教经典《摩奴法典》。

10 请参看（美国）斯塔夫里阿诺斯《全球通史》、龙昌黄《印度文明》。

11 请参看（美国）斯塔夫里阿诺斯《全球通史》。

12 以上请参看斯坦利·沃尔波特《印度史》、龙昌黄《印度文明》。

13 也有西方学者认为，希腊人说的空中花园不在新巴比伦，而在亚述首都尼尼微（Nineveh），建造者则是亚述国王辛拉赫里布（Sennacherib）。

14 以上请参看崔连仲主编《世界通史》古代卷，赵彦、于至堂《改变人类文明进程的重大事件》。

15 见崔连仲主编《世界通史》古代卷。

16 哭墙又称西墙，是耶路撒冷旧城古代犹太国第二圣殿护墙的仅存遗址。犹太教把该墙看作是第一圣地。千百年来，流落在世界各个角落的犹太人回到圣城耶路撒冷时，便会来到这面石墙前低声祷告，哭诉流亡之苦。

17 见《圣经·旧约·诗篇137:1》。

18 在犹太教的圣典里，锡安是雅赫维居住之地，也是雅赫维立大卫为王的地方，后来的锡安主义（Zionism）更被译为犹太复国主义。

19 以上请参看崔连仲主编《世界通史》古代卷、（英国）亚历克斯·沃尔夫《世界简史》、顾准《希腊思想、基督教和中国的史官文化》。

20 根据犹太教律法《哈拉卡》的定义，从宗教意义上讲，一切皈依犹太教的人；从民族意义上讲，所有由犹太母亲所生的人，都广义地属于犹太人。

21 详见本中华史第九卷《两汉两罗马》。

22 见袁珂《中国古代神话》及其所引《山海经》等资料。

23 英国人类学家詹姆斯·弗雷泽在《金枝》一书中提出，人类的智慧、意识和精神生活经历了三个历史阶段，这就是“巫术—宗教—科学”。起先人们以为，往天上泼水，就会下雨。这就是巫术。后来发现不管用，便叩拜神灵，乞求赐雨。这就是宗教。等到连这也不管用时，人类才真正踏进科学之门，学会了天气预报，也学会了人工降雨。所以，巫术是“前宗教”，也是“伪科学”。本书不同意这个观点。

24 请参看（美国）依迪丝·汉密尔顿《神话》，阿芙洛狄忒的歌词有改动。

25 请参看（美国）依迪丝·汉密尔顿《希腊精神》，该书十分强调希腊宗教与希腊神话的区别。

26 亦请参看前书，所引为叔本华语。

27 见阿里斯托芬《云》。便于读者理解，台词有改动。

第五章

1 尼罗河泛滥的时间是每年7月到11月。本节所述无另注者均请参看崔连仲主编《世界通史》古代卷、王海利《埃及通史》、（美国）詹森·汤普森《埃及史》、许朝华《埃及文明》。

2 古埃及的神谱极为混乱，版本也多，此处据美国时代生活图书公司《全球通史》第2册。

3 请参看金观涛、王军衔《悲壮的衰落》，但该书不同意埃及神由图腾转变而来的观点。

4 请参看美国时代生活图书公司《全球通史》第2册，金观涛、王军衔《悲壮的衰落》。

5 请参看崔连仲主编《世界通史》古代卷、王海利《埃及通史》、（美国）詹森·汤普森《埃及史》。赫里霍尔又译赫利霍尔、荷里霍尔，此处从崔连仲主编《世界通史》古代卷。

6 以上请参看崔连仲主编《世界通史》古代卷。

7 请参看《马克思恩格斯全集》第23卷第29页注18，第67页。

8 法国学者菲利普·内莫即认为，罗马法诞生的重要原因之一，便在于罗马帝国乃是人类历史上第一个多种族的大国。请参看其所著《罗马法与帝国的遗产》。

9 请参看金观涛、王军衔《悲壮的衰落》。但该书只谈到这种现象在宗教史上十分罕见，并未否定古埃及宗教是宗教。

10 见《孟子·尽心上》。

第六章

1 禹是传说中的人物，原本不应该有准确的生卒时间。这样写是基于两个前提：一，承认启是禹的儿子，而且是他在禹去世后废除禅让制，确立世袭制；二，承认“夏商周断代工程”以公元前2070年为夏始年的结论。但此说仅供参考，不能作为定论。

2 见《史记·夏本纪》。以下无另注者皆同。

3 见《史记·五帝本纪》。

4 以上均见《孟子·万章上》。

5 这些说法见《竹书纪年》《韩非子·外储说右下》《战国策·燕策一》《史记·燕召公世家》。

6 见《史记·夏本纪》。

7 王字“象王者肃容而立之形”，见孙海波《甲骨金文研究》；后字有“产子之义”，见陈独秀《小学识字教本上篇》。两字的解释分别请参看《古文字诂林》1—206、8—87。

8 战国之前的典籍从不称禹为夏禹，只称禹、大禹、帝禹，启则称夏启、夏后启。此说见范文澜《中国通史》。但，夏作为国号，却未必是启的自称。启应该是没有国号意识的，夏为国号多半是后世的认定。这说明司马迁他们也已经意识到启废禅让的历史意义。所以《史记》写《夏本纪》时有“国号曰夏后”一句，写《殷本纪》却没有汤定国号为商，或者盘庚定国号为殷。

9 元后和群后的称谓，《尚书》中仍在使用。如《尧典》称“群后四朝”，《泰誓》称“元后作民父母”。又《梵语杂名》称“王梵名罗惹”，《守护国界经》称“言王者即罗惹义”。

10 美国历史学家伊佩霞著《剑桥插图中国史》认为，由于没有确定的夏遗址能与文献记载相符，因此不能确定商以前是否有一个发育成熟的夏朝。但确定无疑的是，中国历史上在这个时期发生了巨大的转折。这个说法是科学的。

11 见《史记·周本纪》。

12 九鼎故事见《左传》之桓公二年、宣公三年及杨伯峻注，《史记·封禅书》。武则天的九鼎在万岁通天二年（697）四月铸成。

13 见《左传·宣公三年》。

14 见《论语·泰伯》。

15 见（日本）平势隆郎《从城市国家到中华》。

16 见《淮南子·本经训》。

17 请参看李泽厚《美的历程》。

18 这个观点见李泽厚《美的历程》，诗见《诗经·商颂·长发》。

19 以上见《史记·殷本纪》及（宋）裴骃集解、（唐）司马贞索隐。

20 故事见《史记·殷本纪》，诗见《诗经·商颂·玄鸟》。

21 见翦伯赞《先秦史》及其考证。

22 见恩格斯《家庭、私有制和国家的起源》及注43。

23 请参看伊佩霞著《剑桥插图中国史》。

24 有下帝故有上帝，见翦伯赞《先秦史》。

25 据《中国大百科全书》历史卷,《尚书》《史记》等称殷,《古本竹书纪年》等称商,《今本竹书纪年》等称殷商。

26 商在汤的时代，应该只是规模比夏更大的部落国家。到殷纣王时期已有多个城市，则可能已是领土国家。樊树志《国史概要》将其势力范围分为直接管辖区和间接管辖区，后者称为四方或四土，前者谓之大邑、大邑商、天邑商，如《殷契佚存》987曰“王其入大邑商”,《殷虚书契续编》3—24—1曰“王今入大邑商”,《殷虚书契后编》上18—2 曰“王才在大邑商”,《小屯殷虚文字甲编》2416曰“告于兹大邑商”,《甲骨缀合编》182曰“天邑商公宫衣”。

27 请参看翦伯赞《先秦史》的描述及其考证。

28 请参看翦伯赞《先秦史》、樊树志《国史概要》。

29 徐中舒先生即谓：商贾之名，疑即由殷人而起。见《国学丛书》第一卷第一号。

30 关于宋与殷的关系，详见本中华史第三卷《奠基者》。

31 殷人屡迁，前八后五，见张衡《西京赋》。

32 殷商卜辞中有“卜贞，臣在斗”（前二·九）的记录，吕振羽、翦伯赞两先生均猜测有用奴隶的角斗表演之事。

33 请参看邓晓芒、易中天《黄与蓝的交响》第三章及所引文献。

你对历史的真相到底了解多少？
扫码参与测试，易中天公众号独家认证你的历史段位！
关注“易中天”微信公众号，
看易中天评古论今，让思想文化更适合当代人。

易中天中华史：国家

产品经理｜李　潇
责任编辑｜金荣良
特约编辑｜李　烨
学术顾问｜陈　勤
法律顾问｜黄荣楠
出版统筹｜吴　畏

插图绘制｜方佳翮
何　姝
高文婧
谈　天
何月婷

装帧设计｜Mirro
内文设计｜谈　天
后期制作｜白咏明
特约印制｜梁拥军
策 划 人｜路金波

易中天中华史

第一部［先秦］01——06卷

01 祖先　02 国家　03 奠基者　04 青春志　05 从春秋到战国　06 百家争鸣

第二部［秦汉魏晋南北朝］07——12卷

07 秦并天下　08 汉武的帝国　09 两汉两罗马　10 三国纪　11 魏晋风度　12 南朝，北朝

第三部［隋唐］13——16卷

13 隋唐定局　14 禅宗兴起　15 女皇武则天　16 安史之乱

第四部［宋元］17——20卷

17 大宋革新　18 王安石变法　19 风流南宋　20 铁血蒙元

第五部［明清］21——24卷

21 朱明王朝　22 严嵩与张居正　23 大航海时代　____ 待续

图书在版编目（CIP）数据

国家 / 易中天著．-- 杭州 ：浙江文艺出版社，2016.1（2020.10 重印）
（易中天中华史）
ISBN 978-7-5339-4224-3

Ⅰ．①国… Ⅱ．①易… Ⅲ．①中国历史—夏代—研究 ②中国历史—商代—研究 Ⅳ．①K221.07

中国版本图书馆 CIP 数据核字（2015）第 215420 号

易中天中华史
国家
易中天 著

责任编辑 金荣良
装帧设计 朱镜霖
插　　画 方佳翮 何 姝 高文婧
　　　　 谈 天 何月婷 钟 蓉

出版发行 浙江文艺出版社
地　　址 杭州市体育场路 347 号 邮编 310006
网　　址 www.zjwycbs.cn
经　　销 浙江省新华书店集团有限公司
　　　　 果麦文化传媒股份有限公司
印　　刷 天津丰富彩艺印刷有限公司
开　　本 890 毫米 ×1280 毫米 1/32
字　　数 131 千字
印　　张 7.5
印　　数 244,651-255,650
版　　次 2016 年 1 月第 1 版 2020 年 10 月第 26 次印刷
书　　号 ISBN 978-7-5339-4224-3
定　　价 42.00 元